소크라테스는
SNS에 뭐라고 올릴까?

소크라테스는 SNS에 뭐라고 올릴까?

9가지 키워드로 보는 소셜미디어 시대의 철학

발행일 초판 1쇄 2025년 5월 15일

지은이 장삼열
펴낸곳 스테이블
기획편집 고은주 박인이
디자인 박정호

출판등록 2021년 1월 6일 제320-2021-000003호
주소 인천 서구 용해로 20 106동 803호
전화 02-855-1084
팩스 0504-260-4253
이메일 astromilk@hanmail.net
블로그 blog.naver.com/stable_cat
SNS instagram.com/cat_eat_book

ISBN 979-11-93476-12-3 (03100)

소크라테스는 SNS에 뭐라고 올릴까?

장삼열 지음

스테이블

SNS는 "왜?"로 가득 차 있다

오늘날 청소년의 일상은 디지털 세계와 깊이 연결돼 있습니다. 아침에 눈을 뜨자마자 스마트폰을 집어 들고, SNS를 통해 친구와 소통하며 하루의 시작을 공유하는 것이 자연스러운 일이 되었지요. SNS는 새로운 친구를 사귀고 다양한 정보를 얻으며 자신을 표현할 기회를 제공합니다. 하지만 동시에 SNS를 이용하는 사람의 자아나 욕구에 대해 혼란을 불러오기도 합니다.

SNS의 특성상 사용자는 끊임없이 타인의 삶을 들여다보며 자신과 비교하게 됩니다. 친구가 올린 멋진 사진이나 유명인의 화려한 일상을 보며 '나는 왜 저렇게 살지 못할까?'라는 생각이 들 때도 있습니다. 이러한 비교는 자존감을 낮추고 자신에 대한 불만으로 이어질 수도 있습니다. 또한 타인의 인정과 '좋아요'를 받기 위해, 자신을 꾸미고 과장된 모습을 보여 주려는 유혹도 크지요. 그 과정에서 사람들은 진짜 '나'를 잃어버리기 쉽습니다.

이럴 때 철학은 중요한 질문을 던집니다.

'나는 누구인가?'

‘나는 무엇을 원하고 무엇을 소중히 여기는가?’

철학은 단순히 어려운 개념을 배우는 학문이 아닙니다. 철학은 자신을 돌아보는 질문을 던지며, 이 세상과 자신에 대해 깊이 생각하게 해 주는 도구입니다.

이 책은 매 순간 빠르게 변화하는 디지털 세계 속에서, 스치듯 지나간 중요한 사고의 지점과 사용자 자신에 대한 철학적 질문을 던집니다. 주로 SNS 속 키워드를 다루지만 결국 온라인은 물론 오프라인 세상의 이치까지 폭넓게 이해할 수 있도록 구성했습니다. 철학은 정도(正道, 올바른 길)를 벗어나지 않는 건강한 SNS 사용법과 함께, 타인의 시선과 기대에 휘둘리지 않는 진정한 나로 살아갈 수 있는 힘을 줍니다.

이 책을 통해 독자들이 다양한 질문을 마주하고, 나아가 SNS 너머 진정한 자아를 발견하는 데 작은 등불이 되기를 소망합니다.

차례

플렉스 :
서사가 사라진 돈 자랑의 시대

소확행 :
진정한 행복과 만족

나답게 :
보여지는 나와 진짜 나

양심 : 마음의 나침반은 어디로 향할까?

팔로워 : 아는 사람 말고 진짜 친구

불안 : 나만 빼고 다들 괜찮아 보여

9장 소비 : 장바구니에 담기지 않는 소중한 것

1장

챌린지

도전과 과시 사이 어디쯤

무모한 유행
매운맛 챌린지

몇 년 전 겨울, 집에서 저녁 식사를 하고 있을 때 전화가 왔습니다. 발신자를 보니 동료 교사였습니다. 그날은 휴일이었기에 '무슨 일이지?'라는 의아한 마음으로 전화를 받았습니다.

"선생님, 무슨 일이세요?"

"아… 그게 다른 게 아니고요. 선생님, 여기 잠깐 와 보셔야 할 것 같아요."

"왜요? 무슨 일 있으세요?"

"여기 D 선생님이 어디가 많이 아픈 것 같아요. 집 앞 계단에 앉아서 고개를 숙이고는 침을 흘리고 계세요. 그런데 제가 말이 안 통하니 한번 와 주세요."

D 선생님은 우리 학교의 외국인 선생님인데, 모험심이 강해서 다양한 도전을 많이 하는 분입니다. 그런 만큼 가끔 다치기도 하는 분이라 '무슨 일이 났구나' 하는 걱정스러운 마음으로 현장까지 빠르게 달려갔습니다.

도착하니 D 선생님은 듣던 대로 집 앞 계단에 앉아 고개를 숙이고 정말로 침을 흘리며 신음하고 있었습니다. 완전히 밀어 버린 머리 위로는 만둣집처럼 폭발적인 김이 솟구치고 있었습니다.

'무슨 일이 나도 단단히 났구나' 하며 가까이 다가가 외쳤습니다.

"Hey! D, Whats going on? Are you ok?"

그제야 겨우 고개를 든 D 선생님의 얼굴은 마치 소중한 사람을 잃고 오열하는 모습 같기도 하고, 속이 너무 안 좋아 모든 것을 토해 낸 얼굴 같기도 했습니다.

"Are you sick?"

D 선생님은 왼손에 들고 있던 캐롤라이나 리퍼(Carolina Reaper) 소스 병을 저에게 건넸습니다. 저는 처음에 그게 무엇인지 몰랐습니다. 색깔 때문에 케첩인가 싶었지만, 알고 보니 세계에서 두 번째로 맵다고 알려진 고추 소스였습니다!

맵기로 유명한 불닭볶음면의 스코빌 지수(Scoville Scale, 고추에 함유된 캡사이신 농도를 계량화해 만든 지수)가 약 4,044이고, 캐롤라이나 리퍼의 경우 120만~210만이라고 하니, D 선생님은 불닭볶음면보다 적게는 296배, 많게는 500배가 넘는 매운 소스를 먹고 추운 겨울에 만둣집 수증기를 뿜어내고 있었던 겁니다. 큰 병 나지 않고 그만하기가 다행이었지요.

캐롤라이나 리퍼 소스의 한 종류.

며칠이 지나 D 선생님을 만났습니다.

"도대체 왜 그 매운 소스를 먹은 거예요? 그러다 잘못되면 어떻게 하려고요."

선생님의 설명은 이랬습니다.

영어 시간에 학생들과 수업을 하던 도중, 파퀴 원 칩(Paqui One Chip) 챌린지 영상에 대해 이야기를 나눴다고 합니다. 파퀴 원 칩이란, 스코빌 지수가 무려 220만에 달하는 매운 과자로 이를 먹는 챌린지가 한창 유행 중이었습니다. 학생들은 평소 모험심이 강한 D 선생님에게 원 칩을 먹을 수 있겠느냐고 약간의 도발을 했던 겁니다.

미군 출신이기도 한 D 선생님은 자신의 능력을 보여 주겠다는 마음으로 원 칩 챌린지에 도전했고, 이를 동영상으로 찍어 유튜브에 올렸습니다. 그 이후 더 매운맛, 더 매운맛에 도전하다가 급기야 캐롤라이나 리퍼까지 먹게 되었다는 웃지 못할 상황이었습니다.

아이스 버킷으로 시작된 챌린지 열풍

SNS를 하다 보면 챌린지 영상을 자주 마주하게 됩니다. 챌린지(Challenge)란, 어떤 목적을 달성하거나 단순한 재미를 위해서 여러 사람이 릴레이로 도전하는 행위를 말합니다. 잘 알려진 최초의 챌린지는 2014년에 시작된 아이스 버킷(Ice Bucket) 챌린지입니다. 루게릭병에 대한 관심을 환기시키고, 환자들을 위한 기부 캠페인으로 시작된 챌린지입니다. 양동이에 얼음과 물을 가득 담아 자신의 머리 위에 쏟아붓는 챌린지인데, 얼음물을 맞을 때의 통증이 루게릭

아이스 버킷 챌린지에 참가 중인 모습.

병 환자가 느끼는 고통과 비슷한 강도라고 합니다.

최초의 도전자는 피터 프레이츠라는 미국 보스턴 대학교 야구선수입니다. 그는 2012년 루게릭병 판정을 받아 투병 생활을 했고 야구선수의 꿈을 접어야 했습니다. 그리고 같은 병을 앓는 사람들을 돕고자 아이스 버킷 챌린지를 시작했습니다. 이는 엄청난 반향을 일으키며 마크 저커버그, 팀 쿡, 로버트 다우니 주니어, 리오넬 메시, 네이마르 등 유명인들이 줄지어 참여하면서 하나의 사회현상이 되었습니다.

이후 수많은 챌린지가 생겼습니다. 유명 가수의 곡을 따라 부르는 '아무 노래 챌린지', 옆으로 미끄러지듯이 걷는 춤을 추는 '슬립백 챌린지' 등. 처음에는 사회적 영향력을 위해서 시작된 챌린지였지만, 점차 마케팅 목적이나 재미를 위한 내용이 더 큰 비중을 차지하게 되었습니다. 그렇다면 왜 사람들은 이렇게 챌린지를 좋아하고 참여하는 것일까요?

단순함, 재미, 연결되고 싶은 마음

미국 산타클라라 대학교의 심리학자 토머스 G. 플랜트 교수는 아이스 버킷 챌린지가 사회적으로 성공한 이유에 대해서 다음과 같이 말합니다.

"아이스 버킷 챌린지는 매우 성공적인 사회운동 사례입니다. 단기간에 전 세계적으로 엄청난 관심과 참여를 불러일으켜 루게릭병에 대한 인식을 높이고 기금을 모금하는 데 큰 도움이 되었습니다. 또한 아이스 버킷 챌린지는 전 세계 사람들이 소셜 미디어를 통해 서로 연결되고 서로에 대한 지지를 공유할 수 있는 기회였습니다. 이는 사회적 연결의 중요성을 보여 주는 사례입니다."

즉, 아이스 버킷 챌린지가 성공한 이유는 '단순함, 재미, SNS의 파급력, 서로 연결하고 싶은 마음'이 잘 녹아들었기 때문이라는 것입니다.

공동체적 존재인 인간

다른 사람과 연결되고 싶은 마음은 인간의 본성입니다. 고대 그리스 철학자 아리스토텔레스는 "인간은 사회적 동물"이라고 했습니다. 원래 그가 했던 말은 "인간은 정치적 동물"이었지만, 로마제국 때 그리스어를 라틴어로 번역하는 과정에서 의미가 달라졌습니다. 아마

아리스토텔레스는 "인간은 사회적 동물"이라고 했다.

도 당시에는 문맥상 사회적이라는 단어가 더 자연스럽게 어울린다고 생각했던 모양입니다.

아리스토텔레스의 스승은 이데아(진리)를 정의한 것으로 유명한 플라톤입니다. 그는《국가》라는 1,000쪽에 달하는 두껍고 어려운 책을 쓴 사람입니다. 플라톤의 스승은 "너 자신을 알라"는 말을 남긴 소크라테스입니다. 즉, 소크라테스-플라톤-아리스토텔레스는 스승과 제자 사이입니다. 세 철학자는 각기 다른 철학적인 가르침을 남겼지만, 그들이 깊게 고민했던 주제는 바로 '어떻게 하면 좋은 사회를 만들 것인가?'였습니다.

소크라테스는 좋은 국가, 좋은 사회를 만들려면 먼저 사람이 올바르게 살아야 한다고 했습니다. 사람들 안에 있는 양심 또는 신의 목소리를 따라 살면 좋은 나라를 만들 수 있다고 생각했습니다. 그의 제자인 플라톤은 개인이 바르게 사는 것뿐만 아니라, 좋은 국가 시스템이 있어야 한다고 생각했습니다. 그래서《국가》를 통해 어떻게 하면 좋은 국가를 만들 수 있는지에 대한 많은 제안을 하고 있습니다. 아리스토텔레스는 스승 플라톤과 같이 좋은 국가 시스템에 대해서 이야기했지만, 스승이 다소 이상적인 국가를 제안한 것에 비해, 좀 더 현실적인 국가 시스템을 제안했습니다.

이렇게 세 철학자가 조금은 다른 이야기를 했지만, 그들이 가지고 있던 전제는 '인간은 사회적 동물'이라는 것입니다. 인간은 함께 모여 사는 것을 좋아하며, 그 안에서 자신의 가치와 의미를 확인하게 된다는 뜻입니다.

인류의 종말을 다루는 영화가 꽤 많습니다. 흔히 이 영화들은 세상에 소수의 사람만이 남아 있는 상황으로부터 이야기가 시작됩니다. 우리나라에 몇 명, 미국에 몇 명, 유럽에 몇 명 이렇게 적은 수의 사람들이 생존하기 위해서 치열한 삶을 살아 냅니다. 그리고 생존자는 항상 또 다른 생존자를 찾기 위해 노력합니다. 라디오 통신을 이용하거나 벽에 낙서를 해서라도 '누군가'를 기다립니다. 그리고 이렇게 발견된 생존자들은 꼭 무리를 지어 캠프를 만듭니다.

세상에 나 이외에 다른 사람이 없다는 것은 큰 고통입니다. 아무도 없다면, 영원히 혼자 있다면 내가 하는 모든 언행이 무슨 의미가 있을까요. 여러분의 얼굴을 생각해 보세요. 얼굴은 나의 것이지만, 나는 나의 얼굴을 한 번도 직접 보지 못한 채 살다 죽습니다. 거울을 통해서 간접적으로 볼 수는 있지만, 나의 얼굴을 직접 볼 수 있는 것은 내가 아닌 다른 사람입니다. 이처럼 인간은 본질적으로 타인과 연결되어 살아가며, 그 속에서 의미를 찾는 존재입니다.

정신분석학자이자 심리학자인 에리히 프롬은 자신의 책《사랑의 기술》(문예출판사, 2019)에서 "인간은 단독으로 존재할 수 없다. 인간은 타인과 관계를 맺으며 존재한다. 인간은 타인과 관계를 통해 자신을 실현하고 의미를 찾는다"라고 했습니다.

요즘은 흔히 "너 자신이 되라"는 말을 듣습니다. 노래에서도 광고에서도 영화에서도 모두가 "자기 자신으로 살아라"는 조언을 많이 하지만, 정작 자기 자신으로 산다는 것은 무엇일까요? 애매할 뿐입니다.

에리히 프롬의 조언을 따르자면, 우리는 타인과의 관계를 통해서나 자신으로 살 수 있고, 진정한 나를 찾을 수 있습니다.

약해진 사회적 고리

2013년에 제작된 드라마 〈응답하라 1994〉를 좋아합니다. 각기 다른 지방에서 올라온 대학생들의 사투리와 문화가 다양하게 펼쳐지는 재미가 쏠쏠했습니다. 드라마의 배경이 되는 곳은 서울의 하숙집입니다. 당시 하숙집은 지방에서 올라온 대학생들이 공동체를 이루며 사는 곳이었습니다. 선배와 후배가 있고 하숙집 주인이 부모의 역할을 하며 어우러져 살던 공간입니다. 이렇게 왁자지껄 함께 모여 살면 서로 맞지 않는 부분 때문에 힘든 일도 있고, 갈등도 생깁니다. 하지만 고독하거나 외로운 일이 적습니다.

우리나라는 1995년 이후로 1인 가구가 급격하게 늘기 시작했습니다. 자살률이 증가하기 시작한 때도 이때쯤인데 과연 그저 우연일까요?

미국 브리검영 대학교 신경과학과 교수인 줄리안 홀트 런스타드는 타인과의 사회적 연결 고리는 인간의 기본적인 욕구로서 복지와 생존에 결정적인 요인이라고 했습니다. 그에 따르면 다른 사람과 접촉 없이 자란 어린이는 신체·정서적 발달에 어려움을 겪고 심할 경우 사망까지 합니다. 또한 범죄자의 사회적 격리나 독방 감금이 처벌의 한 형태로 사용되는 것처럼 사회적 격리와 외로움은 인간의 건강에 큰 영향을 미친다고 말했습니다. 그는 현대인이 외로움 전염병(Loneliness Epidemic)에 직면해 있다고 경고했습니다.

실제의 삶에서 점점 더 타인과의 접촉이 줄어드는 시대입니다. 많은 사회적 활동들이 온라인을 통해서 이루어집니다. 여기에는 좋은 점도 있지만, 한편으로는 더 고독하고 외로운 삶이 인간 앞에 놓입니다.

타인을 통해서 완성되어 가는 나

챌린지 열풍은 어쩌면 외로운 현대인이 '서로 연결되기 위한 마음의 결과'가 아닐까 하는 생각을 해 봅니다. 다른 사람과 똑같은 행

많은 사회적 활동이 온라인으로 이루어지는 이때, 현대인은 외로움 전염병에 직면해 있다.

동을 하면서 일체감을 느끼고, 조금씩 다르게 바꿔서 표현하며 자신만의 개성을 실현하고 재미를 느낍니다. 또한 챌린지라는 동일한 행동을 공유함으로써 공동체 안에서의 자신을 발견합니다. 서로 연결되어 공동체를 이루고자 하는 열망과 자신만의 개별성을 추구하며 자신의 존재를 실현하고자 하는 인간의 욕망이 챌린지 열풍을 만들어 내고 있는 것 아닐까요.

인간을 사회적 동물로 정의한 아리스토텔레스의 말은 단순히 인간에 대한 특징을 말하는 것을 넘어, 인간 존재의 가장 중요한 근간에 대한 언급이며, 결국 내가 나로서 건강하게 살기 위해서 꼭 필요한 것에 대한 질문입니다. 그 답은 바로 가족이고, 친구인 것입니다.

어떤 선택을 하시겠습니까?

선한 목적을 가지고 시작되었던 챌린지가 그 명맥을 계속 이어가고 있는 것은 참 아름다운 일입니다. 한편 자극적이고 파괴적인 챌린지가 사회를 병들게 하는 것을 보면 걱정이 생기기도 합니다. 앞서 소개한 파퀴 원 칩 챌린지는 결국 사망자를 내며 과자가 판매 중지되기도 했습니다. 이처럼 자학적인 챌린지는 소중한 생명에 위협이 되기도 합니다. 그 외에도 도로에서 폭주를 겨루는 불법적인 챌린지, 스포츠를 가장한 폭력을 유발하는 위험한 챌린지도 점점 더 많아지고 있는 것이 현실입니다.

챌린지를 하기 전, 한번 생각해 봅시다. 우리는 누군가와 연결되어 살아가고 서로 영향을 주고받는 존재입니다. 함께 선한 일을 도모할 수도 있고, 악을 도모할 수도 있습니다. 그래서 나의 선택은 중요합니다. 내가 살아갈 이 세상에서 더 나은 공동체를 만들어가기 위해서는 올바른 선택이 필요합니다.

2장

외모지상주의

이목구비
VS
근사한 태도

안 예쁜데, 예쁜 사람이 있다?

분명히 안 예쁜데, 예쁜 사람이 있습니다. 무슨 말이냐고요? 지금부터 그 이야기를 들려드리겠습니다. 제가 근무하는 학교는 매년 11월경에 출판기념회를 진행합니다. 1년 동안 학생들이 책을 기획하고 자료를 조사해서 집필한 후에 학부모님들을 모시고 발표회를 진행합니다. 학생들은 책을 출판하기까지 많은 일을 합니다. 그중에 하나로는 '추천사' 받기가 있습니다. 자신이 출판하려는 책의 성격에 따라 교사가 추천사를 써 주기도 하고, 전문 직종에서 일하는 학부모님들이 써 주기도 합니다.

저에게도 A라는 학생이 조심스럽게 부탁을 해 왔습니다.

"선생님, 저 추천사 좀 써 주세요."

"그래? 어떤 책이야?"

"그냥 어렸을 때부터 제가 살면서 느낀 것들을 정리해 봤어요."

"그래. 선생님이 잘 읽어 보고 추천사 써 줄게."

사실 추천서를 쓰는 것은 쉽지 않은 일입니다. 교사들에게 학기말인 11월은 무척 바쁜 시기라서요. 한 학기를 마무리해야 하는 기간이라 업무가 많습니다. 하지만 A의 부탁은 들어주고 싶었습니다. 아니, 오히려 반가웠습니다.

조심스럽지만 A의 외모에 대해 잠깐 설명하겠습니다. 아담한 키에 평범한 이목구비를 가진 학생입니다. 하지만 밝은 표정, 당당한 자세, 이야기할 때면 상대를 또렷하게 바라보는 눈빛이 참으로 인상적인 사람입니다. 평소에 이런 모습을 보면서 'A는 어떤 이야기를 가지고 있을까?'라는 궁금함이 있었는데, 어쩌면 이번 원고를 통해 그 숨겨진 이야기를 알 수 있을지도 모른다는 생각을 했습니다.

A의 책에는 어릴 적 살던 집 창문에 하얀 배를 드러내며 붙어 있던 작은 개구리를 유심히 살펴보았던 이야기, 우리 학교 캠퍼스에 있는 대나무 언덕에서 친구와 밤에 별을 보며 경이로움을 느꼈던 일, 기타를 배워 교회 예배팀의 연주자가 되었던 일 등이 적혀 있었습니다. A가 가진 세상을 향한 호기심과 경이로움이 고스란히 거울처럼 반사되어 드러난 글이었습니다.

알고 보니 A의 내면은 이미 다른 친구나 교사들에게도 전달되어, 많은 사람이 A에게 매력을 느끼고 있었습니다.

이처럼 내면을 가꾸는 데 열심인 사람이 있는가 하면, 자신의 외모에만 과하게 집착하는 사람도 있습니다. 코로나바이러스감염증-19 이후 수업에 들어가면 유독 마스크를 끼고 있는 학생들이 자주 보입니다. 처음에는 감기에 걸린 줄 알고 그러려니 했습니다. 그런데 너무 오랫동안 마스크를 끼고 있었습니다. 그래서 아픈 게 아니라면 마스크를 벗는 게 어떠냐고 권유했지만 결국 벗지 않아 이상하다고 여겼습니다. 그러던 차에 저의 막내딸이 자기 얼굴이 마음에 안 든다며 마스크를 쓰고 등교하는 모습을 보고 알았습니다. 학생들이 감기에 걸린 게 아니라 외모 때문에 마스크를 벗지 않는다는 사실을요.

'얼평'이라는 말이 있습니다. '다른 사람의 얼굴을 평가한다'는 말인데, 여럿이 모여 다른 사람의 외모 이야기를 하는 문화가 애어른 할 것 없이 있는 것이 사실입니다. 그런데 이렇게 얼평을 하다 보면,

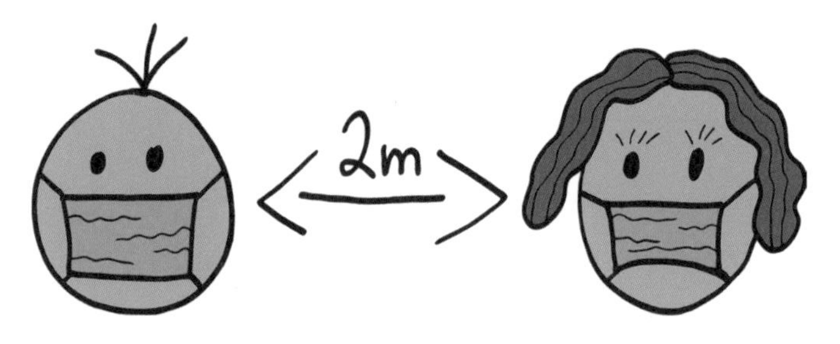

전염병 예방을 위해 착용했던 마스크가 일부 청소년에게는 외모를 위한 필수품이 되어 버렸다.

본인 스스로도 그 얼평의 대상이 되고 맙니다. 결과적으로 타인의 얼굴을 평가하는 데에서 그치지 않고, 본인의 얼굴을 의식해 외모에 더욱 신경을 쓰게 되는 일이 생깁니다.

11세가 되면서부터 세상이 변하기 시작했다

'외모보다 중요한 것은 내면이다'라는 말은 마치 상식처럼 쓰입니다. 하지만 외모가 하나의 스펙(Spec, 능력)이 되어 버린 현실을 부정할 수 없는 것도 사실입니다.

어느 날부터 저에게는 유튜브 알고리즘을 통해서 '영어 회화 배우기' 영상이 추천되기 시작했습니다. 숏츠 채널인데, 영상마다 중요한 영어 표현을 3가지 정도 알려 주는 콘텐츠였습니다. 미국 10~20대들이 많이 쓰는 격식 없는 표현 위주라 재미있게 봤습니다. 하지만 제가 미국에서 살지 않는 이상 그런 표현까지 사용할 일은 없기에 가볍

게 보는 정도로 즐기고 있다가, 어느 날 '이 유튜버는 팔로워가 몇 명일까?'라는 호기심이 생겼습니다. 콘텐츠의 질적 수준이 평범했기에 몇 만 명 정도를 예상했는데, 확인해 보니 100만 구독자를 가진 인플루언서였습니다. '에잉? 100만? 이게 그 정도 콘텐츠인가?'라는 생각이 들었지만, 가만히 생각해 보니 내용보다도 영상을 소개하는 유튜버가 매력을 가지고 있었습니다. 유창한 영어 실력으로 사람들에게 필요한 영어 표현을 소개하는 데다가 외모 또한 출중했기에 팔로워가 그토록 많구나 싶었습니다. 시각적인 정보가 우선시되는 유튜브 채널의 속성상 실력만큼이나 외모 또한 경쟁력을 가질 테니까요.

인기 웹툰 〈외모지상주의〉는 이러한 현실을 반영하는 듯합니다. 이야기의 시작은 키도 작고 못생긴 '박형석'이라는 주인공이 하루아침에 키 180cm 이상, 연예인 얼굴, 뛰어난 운동신경을 가진 몸을 얻으면서 벌어지는 이야기를 다룹니다.

못생겼던 시절에는 괴롭힘을 당해도 아무도 도와주지 않았는데, 훈남이 되고 난 후로는 모든 상황과 사람들이 그에게 호의적으로 바뀌게 되었습니다. 하루는 교실에서 시비가 붙었는데, 주변에 있는 친구들이 다가와 형석에게 괜찮냐고 물어봐 줍니다. 과거의 형석에게는 절대 일어나지 않았던 일들이 일어나기 시작한 것입니다.

아름다움의 아이콘으로 불리는 영화배우 마릴린 먼로는 한 인터뷰에서 "11세가 되면서부터 세상이 갑자기 변하기 시작했다"고 말

영화 〈미녀는 괴로워〉 포스터.

했는데, 이 말은 미모가 드러나기 시작할 때부터 세상의 많은 부분이 그녀에게 호의적으로 변하기 시작했다는 뜻입니다.

또한 영화 〈미녀는 괴로워〉 역시 외모를 둘러싼 사람들의 욕망과 이중성을 그대로 보여주는 작품입니다. 주인공 '한나'는 95kg의 몸무게를 가진 여성입니다. 뛰어난 가창력을 가졌지만 외모 때문에 미녀 가수 '아미'의 립싱크에 대신 노래를 불러 주는 일을 합니다. 좋아하는 사람이 있어도 고백하지 못하고, 재능이 있어도 나서지 못한 한나는 성형수술과 지방흡입술을 통해 완전히 다른 사람으로 태어납니다. 새로운 사람이 된 한나는 연예기획사를 통해 신인 가수로 데뷔하는데, 공교롭게도 '자연 미인'이라는 정체성으로 대중에게 호감을 삽니다. 대중은 보기 좋은 외모를 선호하면서도 성형은 싫어하니까요. 결국 한나는 진실 앞에서 괴로워하다가 거짓된 모습을 버리기로 결심합니다.

나르키소스의 비극적인 짝사랑

나르시시즘(Narcissism)이라는 말이 있습니다. 정신분석학 용어로 '자신의 외모, 능력과 같은 것들을 지나치게 뛰어나다고 믿거나 사랑하는 자기중심적 성격이나 행동'을 뜻합니다. 나르시시즘이라는 말은 고대 로마의 시인 오비디우스의 서사시 〈변신 이야기〉의 〈나르키소스〉로부터 유래되었습니다. '나르키소스'는 물의 신 '케피소스'와 물의 요정 '리리오페' 사이에서 태어난 아들이었습니다. 어머니 리리오페는 예언자 티레시아스에게 자신의 아이가 오래 살 수 있을지 물었습니다. 티레시아스는 "그럴 것이오. 그가 자신을 알지 못한다면 말이오"라고 대답했습니다.

나르키소스가 16세가 되었을 때 그는 너무나도 아름다워서 숲의 많은 소녀가 그를 열망했습니다. 어느 날, 나르키소스가 숲에서 사냥을 하는 모습을 본 숲의 요정 '에코'는 그를 보자마자 사랑의 감정을 느낍니다. 이에 에코는 다가가 마음을 고백하지만, 나르키소스는 그녀를 거부합니다. 에코의 가슴에는 실연의 고통이 자라났습니다. 잠도 자지 못하고 괴로워하다가 마침내 비참하게 말라 버려 대기 속으로 사라졌습니다. 성격이 차가웠던 나르키소스는 누구에게도 마음을 주지 않았습니다. 그러던 중 멸시당한 무리 가운데 한 명이 하늘을 향해 두 손을 들고 기도했습니다.

"그도 이렇게 사랑하다가 사랑하는 것을 얻지 못하게 하소서!"

그러자 율법의 여신 '네메시스'가 그 기도를 들어 주었습니다.

하루는 나르키소스가 사냥을 하다가 더위에 지쳐 숲에 누웠는데, 바로 그 옆에 은빛 물이 반짝이는 비밀의 샘이 있었습니다. 나르키소스는 물을 마시려고 샘으로 다가갔습니다. 그러다 마침내 샘에 비친 자신의 얼굴을 보게 되었습니다. 물속에 비친 그의 모습이 눈이 부시게 아름다워서 나르키소스는 단숨에 사랑에 빠지고 맙니다. 자신의 모습에 사랑을 느낀 그는 그 샘을 떠나지 못하고 물에 비친 자신의 모습을 한없이 바라보고 있게 됩니다. 이후 먹지도 마시지도 않고 샘에 비친 얼굴만 바라보다 서서히 말라 죽습니다.

나르키소스의 이야기는 소유할 수 없는 것에 대한 욕망이 인간에게 어떠한 비극을 남기는지 말해 줍니다. 가질 수 없는 이유는 그것이 허상이기 때문이고, 그것을 가지려고 다가가면 사라지는 것이기 때문입니다.

뉴스에서는 성형 중독에 대한 이야기가 종종 나옵니다. 어쩌면 우리가 바라는 완벽한 외모, 모두를 만족시키는 아름다움은 애초에 가질 수 없는 것이고, 그것을 가지려고 할 때 괴로워지는 것은 아닌지 생각해 보게 됩니다.

소크라테스가 말하는 사랑과 아름다움

고대 그리스 철학자들은 '영원히 변하지 않는 것'을 알고자 했습

니다. 인간이 감각으로 만날 수 있는 세계의 모든 것은 계속해서 변합니다. 시원한 아이스커피 잔에 있는 얼음은 계속해서 녹아내립니다. 하늘에 뜬 흰 구름도 다양한 모습으로 변해 갑니다. 계절은 바뀌고 생명이 있는 모든 것은 늙습니다. 이처럼 세상에 변하지 않는 것은 없습니다.

플라톤은 책《향연》에서 소크라테스가 말한 사랑과 아름다움을 소개합니다. 그는 사랑은 아름다움을 사랑하는 것이며, 아름다움은 변하지 않는 것이며, 우리를 진리와 선으로 인도하는 것이라고 했습니다. 소크라테스가 말한 아름다움이란, 겉으로 보이는 것이 아닌 더 깊은 내면을 말합니다. 외모는 인간을 진리와 선으로 인도하지 못합니다.

소크라테스가 말하는 아름다움은 어머니가 자녀를 낳아 키우고 보살피며, 좋은 삶을 선물해 주고 싶은 그 사랑을 말합니다. 부모가 아이에게 주고 싶은 가장 가치 있는 삶은 '스스로를 아름답게 바라보고, 다른 사람에게 의미 있는 존재'가 되는 것입니다. 이것은 외적인 어떤 조건이 아니라, 내면의 가치를 의미합니다.

미국의 소설가 찰스 프레지어의《콜드 마운틴(Cold Mountain)》은 변하지 않는 사랑의 감동을 전해 줍니다. 때는 1860년대, 미국 남북전쟁이 벌어지던 혼돈의 공간이 배경입니다. 사랑하는 연인 '인만'과 '에이다'는 인만이 남군에 징집되면서 이별을 겪습니다. 그러나 전쟁이 그들을 갈라놓아도 서로를 사랑하는 마음은 변함이 없습니다.

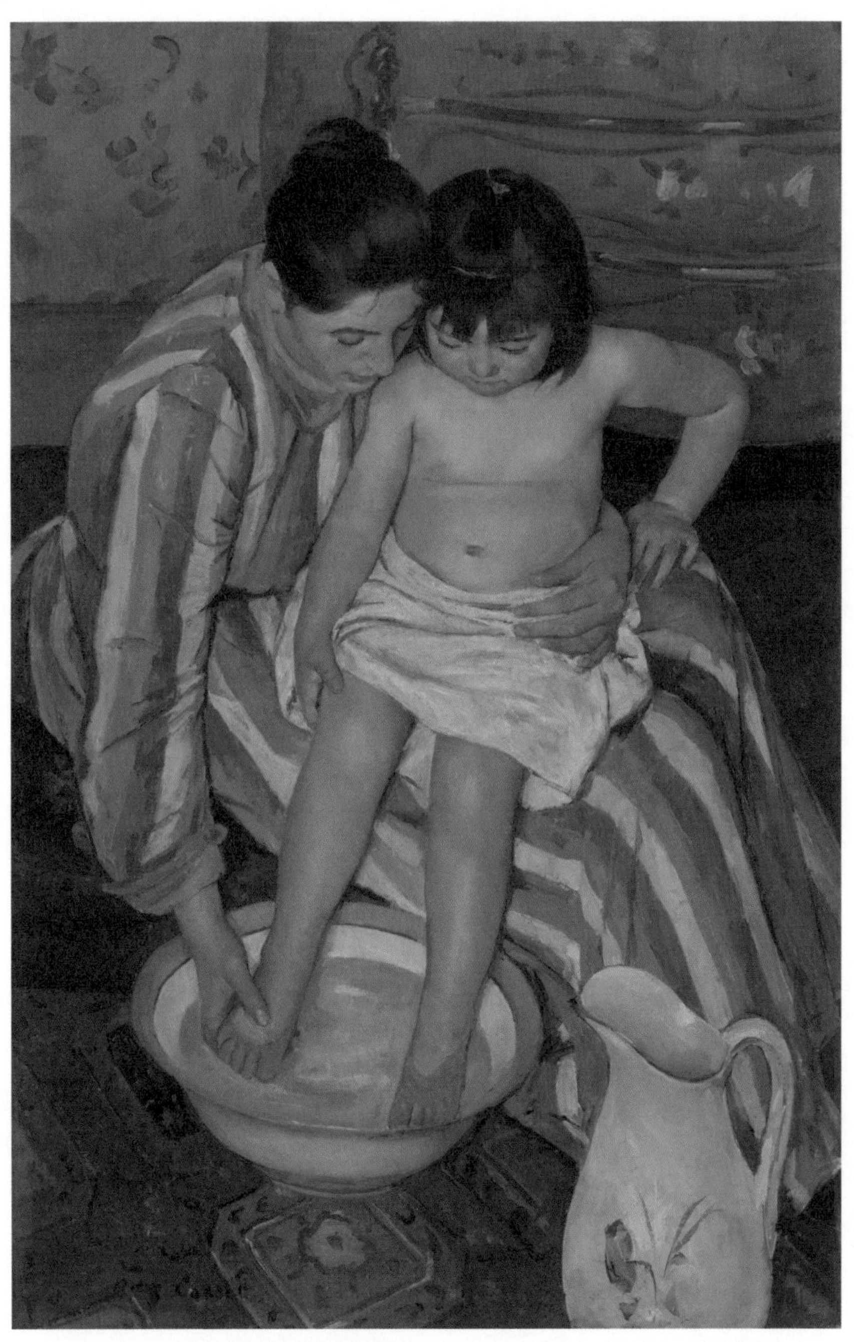

메리 카사트, 〈아이의 목욕〉, 캔버스에 유채, 101.3×67.3cm 1893, 미국 시카고 미술관 소장.

《콜드 마운틴》은 동명의 영화로도 제작되었다. 왼쪽이 인만, 가운데가 에이다.

인만은 전장에서 부상을 당해 육군 병원으로 후송되는데, 그곳에서 에이다의 편지를 받고 탈영합니다. 그 시각 에이다는 목사였던 아버지의 죽음과 경제적인 어려움으로 극심한 고통을 당하고 있었습니다. 탈영해 고향인 콜드 마운틴으로 돌아오기까지 인만은 갖은 고생을 합니다. 목숨을 거의 잃을 뻔하기도 합니다.

에이다 역시 그녀를 괴롭히고 차지하려는 나쁜 사람들에게 시달립니다. 하지만 서로를 향한 그들의 사랑은 변함이 없고, 오히려 더욱 커져만 갑니다. 결국 인만은 콜드 마운틴에 도착합니다. 인만은 에이다 앞에 서게 되는데, 그 순간이 얼마나 감동적인지 모릅니다. 그들은 서로의 약속을 믿으며 고통의 시간을 견뎌 냈습니다. 고통의 순간마다 서로를 생각하며 상대가 나를 기다리고 있을 것을 의심하지 않았습니다. 그리고 그 믿음은 현실이 됩니다. 동명의 영화로도 제작된 《콜드 마운틴》은 사랑을 통해 그들이 아름다운 존재가 되는 것을 보여 줍니다.

우리는 인생을 살아가면서 어떤 것에 가치를 두어야 할까요? 성경에는 집을 모래 위에 지은 사람과 커다란 바위 위에 지은 사람에 대한 이야기가 나옵니다. 여기서 모래 위에 집을 지은 사람이란, 타인의 평가에 의해 이리저리 흔들릴 수 있는 평판, 있다가도 사라질 수 있는 돈, 시간이 가면 늙어 버리고 마는 외모와 같은 것을 중심으로 인생을 살아가는 사람을 말합니다.

어떤 사람들은 그렇다면 세상에 영원한 것, 변하지 않는 것이 있느냐고 말할 수도 있지만, 모두가 변하지 않는 사랑, 영원한 가치를 바라고 있다는 사실만은 부인할 수 없을 것입니다.

자신을 바라보는 따뜻한 시선의 힘

영화 〈아이 필 프리티(I Feel Pretty)〉는 내가 나를 바라보는 시선이 어떻게 다른 사람에게도 영향을 미치는지를 잘 표현하고 있습니다.

주인공 '르네'는 뚱뚱하고 못생긴 여자라는 설정입니다. 자신의 모습이 마음에 들지 않고, 자신감이 없어서 원하는 일에도 도전하지 못합니다. 그러다 이대로는 안 되겠다 싶어 피트니스센터를 다니며

영화 〈아이 필 프리티〉 속 르네의 자신감 있는 모습.

운동을 시작했습니다. 실내 자전거를 고장 내기도 하는 등 어려움이 있고 창피했지만 르네는 포기하지 않습니다. 하루는 피트니스 강사의 멘털 코칭이 있었습니다.

"여러분은 할 수 있습니다!"

르네는 마치 신흥 종교 신자처럼 소리를 지르며, 바람이 간절히 이루어지기를 원했습니다. 운동이 끝나고 탈의실 거울 앞에 섰는데 기적과 같은 일이 일어났습니다. 날씬하고 예쁘고 자신만만한 르네로 새롭게 태어난 겁니다. 이제 르네는 자신감 넘치게 걷고 말하고 과감하게 도전합니다. 자신의 의견을 당당하게 말하자 사람들도 르네의 이야기에 경청하게 됩니다.

하지만 르네의 외모는 하나도 변하지 않았습니다. 오로지 르네의 눈에만 자신이 다르게 보였던 겁니다! 다른 사람들은 그녀를 여전히 예전의 모습으로 보지만, 르네는 자신을 날씬하고 예쁜 여자로 보는 것입니다.

놀라운 것은 르네의 태도 변화가 사람들의 생각까지 바꾸기 시작한다는 점입니다. 사람들은 점점 르네 자신이 바라보는 모습으로 르네를 보기 시작합니다. 물론 처음에는 르네의 자신감 있는 모습 때문에 당황해서 이렇게 말하기도 합니다.

"이 여자, 뭐지? 이렇게 못생긴 여자가 어디서 이런 자신감이 나오는 거야?"

하지만 사람들은 서서히 르네의 매력에 빠져들고 호의적으로 대하기 시작합니다. 외적으로는 바뀐 것이 하나도 없지만, 자기 자신을 바라보는 시선이 바뀌니 세상의 시선이 바뀌기 시작한 겁니다.

실제 채용 시장에서도 외모보다 내적인 매력을 더 중요하게 여긴다는 증거가 있습니다. 2020년 취업 포털사이트 '사람인'이 기업 372곳을 대상으로 '지원자의 외모가 채용 평가 시 영향을 미치는지 여부'에 대해 조사한 결과, 채용 담당자의 44.4%는 외모는 큰 영향이 없다고 했고, 55.6%는 영향을 미친다고 했습니다. 이렇게만 보면 외모가 채용에 중요한 요소처럼 보입니다. 하지만 채용 담당자들이 생각하는 '외모'란 단순한 이목구비가 아니었습니다. 채용 시 가장 영향을 미치는 것은 인상, 표정 등 분위기(87.4%)가 1위이고, 이어서 청결함(45.9%), 옷차림(30.9%), 체형(20.8%) 순이었습니다. 그 외에 이목구비, 헤어스타일, 메이크업 등을 고려한다는 응답은 10% 미만이었습니다.

제가 가르치는 학생들은 모두 다른 매력을 가지고 있습니다. 다른 사람은 흉내 낼 수 없는 고유한 아름다움이 충분합니다. 타고난 자신을 소중하게 받아들이는 아이들은 소위 못생겨도 매력이 넘칩니다. 자신을 바라보는 시선이 따뜻하고 친절하기 때문에, 항상 웃음이 있고 말과 태도에는 사랑이 넘칩니다.

하지만 지나치게 타인의 시선과 평가를 의식하는 사람은 불안하고 자신감이 없어집니다. 그러한 마음 상태가 자신의 외모로도 전달되어, 외모에 더욱 집착하게 되는 악순환이 일어납니다. 나만의 매력을 좀 더 신뢰하고, 살면서 만나게 되는 다른 사람의 편견에 굴복하지 않았으면 합니다. 우리는 모두 아름답게 지어진 존재들입니다.

3장

플렉스

서사가 사라진 돈 자랑의 시대

"빠끄"를 외치고 다닌 선생님

2019년쯤이었던 것 같습니다. 학생들이 갑자기 제가 래퍼 '염따'를 닮았다며, "선생님! 빠끄 한 번만 해 주세요"라고 부탁을 하기 시작했습니다. 저는 당시 염따가 누군지, 빠끄가 무슨 뜻인지 알지 못했지만, 학생들이 자지러지게 좋아했기 때문에 빠끄를 외쳐 주었습니다. 그런데 나중에 알고 보니 빠끄는 염따의 대표적인 추임새 겸 욕의 대체어였습니다. 방송에서 욕을 할 수 없으니 약간의 언어유희를 한 결과가 빠끄였습니다. 그것도 모르고 선생인 제가 욕을 하고 다녔으니…. 나중에 알고는 아주 많이 민망했습니다.

염따는 한 힙합 오디션 프로그램에서 "플렉스(Flex)해 버렸지 뭐야"라는 말을 쓰기도 해 화제가 되었습니다. 자신의 성공이나 부를 뽐내거나 과시한다는 의미의 플렉스는 1990년대 미국 힙합에서 유래했습니다. 래퍼들이 돈을 자랑하고 비싼 차와 시계 등을 뽐내는 모습을 보이던 중에, 1992년 래퍼 아이스 큐브가 〈다운 포 왓에버(Down For Whatever)〉라는 곡에서 처음 플렉스라는 말을 사용하게 된 것이 시작입니다. 원래 플렉스는 '구부리다, 몸을 풀다' 등의 뜻이 있는데, 숙어 중에 '경고하기 위해 근육을 부풀리다(Flex Your Muscles)'라는 표현이 있습니다. 아마도 이것이 최근의 플렉스로 연결된 듯합니다.

힙합은 1970년대 후반, 미국 뉴욕 브롱스에서 출발했습니다. 브

미국의 래퍼 아이스 큐브는 1990년대 힙합 전성기를 대표하는 아티스트 중 한 명이다.

롱스는 위험하기로 소문난 할렘보다 더 험악한 동네로 여겨지며, 20년 전에는 지금과 비교되지 않을 만큼 치안이 불안한 곳이었습니다. 이곳에는 범죄를 목적으로 조직적으로 움직이는 무리인 갱이 많았습니다. 최근에도 하루에 1명 정도는 총격 사건에 연루돼 목숨을 잃는 곳입니다. '이런 위험한 지역에서 태어난다는 것은 어떤 것일까'라는 생각을 해 봅니다.

브롱스에 대한 다큐멘터리를 본 적이 있습니다. 거리는 어지럽고 관리가 되지 않으며 공공임대주택이 모여 있는 가난한 동네입니다. 힙합은 그런 곳에서 생겨났습니다. 지친 삶의 괴로움, 불평등에 대한 불만, 미래에 대한 불안 등을 랩에 담아 음악으로 만들었습니다. 힙합의 정신은 '직설적인 표현'에 있습니다. 순화하거나 미화하지 않고, 자신이 느끼는 감정과 현실을 그대로 표출하는 것입니다.

그들은 갖고 싶은 것이나 잃어버린 것에 대해서 말했으며, 자신이 처했던 어려운 상황을 이겨 내고 성공한 현재를 가감 없이 드러내기도 했습니다. 이것이 플렉스의 시작입니다. 초창기 래퍼들의 플렉스는 일종의 '동기부여'와 같은 것이었습니다. '우리 모두 어려운 상황이지만 나도 했으니, 너도 할 수 있다! 그 증거가 바로 내 목에 걸려 있는 금 목걸이다!' 그들은 자신의 성공을 자랑스럽게 드러내며, 주변 이웃과 친구들이 이 대열에 합류하기를 바라는 정신이 있었습니다.

자본주의는 자본을 소유한 자본가가 이윤 획득을 위해 생산 활동을 하도록 보장하는 사회 경제 체제입니다. 즉, 자본 그 자체가 경제적인 힘이 되는 시스템입니다. 자본이 없는 경우는 일정 자격을 갖춰 자신을 자본화할 수 있습니다. 직무에 맞는 능력을 갖춰 취업을 하는 방법 같은 것이지요.

하지만 열악한 환경에 처하게 된다면 자신을 자본화하는 것도 쉽지 않습니다. 어린 시절에 정서적으로 지지받지 못했다면 자존감은 떨어집니다. 혹은 학창 시절에 충분한 경제적 지원을 받지 못했다면 공부를 위해 필요한 것들이 부족해질 테고요. 이렇게 되면 앞으로 살아갈 최소한의 능력을 갖추는 것도 쉽지 않습니다.

저는 보육원에 있는 아이들을 멘토링하는 일도 하고 있습니다. 이 활동을 하면서 알게 된 것은 사회복지사들의 역할이 참 중요하다는 점입니다. 보육원에 대해 잘 모를 때는 막연히 아이들에 대한 연민이 있었습니다. 하지만 가까이 다가가서 보니 아이들은 생각보다 좋은 양육을 받고 있고, 이러한 배경에는 사회복지사들의 노고가 있다는 사실을 알게 되었습니다. 보육원 아이들은 이곳을 '집'이라고 부르고, 사회복지사들을 '이모' '엄마' 등의 호칭으로 부르며 친밀하게 지냈습니다. 이러한 건강하고 따뜻한 관계를 위해 사회복지사들은 노력하고 있었습니다. 아이들이 충분한 교육을 받을 수 있도록 돌보고, 진로에 대한 상담을 받을 수 있도록 지역 전문가들과 협업을 하기도 합니다.

세상의 모든 아이에게는 애착과 지원이 필요합니다. 그렇게 정서와 기술적으로 최소한의 자본이 형성되어야 사회에서 역할을 할 수 있고, 자기 자본을 형성할 수 있는 길이 열립니다. 하지만 가정이 온전하지 못하고 그래서 아이가 적절한 돌봄과 지원, 교육을 받을 수 없다면 훗날 아이가 사회에서 선택할 수 있는 일은 적어질 수밖에 없습니다. 결과적으로 삶이 고단해지겠지요.

뉴욕 브롱스의 환경도 마찬가지입니다. 결손가정에서 자라 정서적으로 안정되지 못한 아이와 어른이 많습니다. 태어나면서부터 마약과 범죄를 일상적으로 접하며, 이것을 아무 의구심 없이 받아들이기도 합니다. 그렇게 열악한 환경과 가난은 대물림됩니다.

때문에 그들에게 플렉스는 '나는 굴복하지 않고 승리를 이루어냈다. 나도 했으니 너도 할 수 있어!'라는 승전 선언과 동기부여의 이중 의미가 있습니다.

원래는 동기부여와 영감을 주던 플렉스

염따는 꽤 긴 무명 시절을 겪은 후 성공을 했습니다. 어려움을 이겨냈기 때문에 그의 플렉스를 지지하는 팬들이 많았던 것 같습니다. 겸손하게 성공을 감추던 지난 시대와 달리 요즘에는 많은 수의 연예인과 인플루언서들이 SNS를 통해 플렉스를 외치고 있습니다.

명품 옷과 고가의 차, 휴양지에서 노는 모습을 포스팅합니다. 이런 내용을 보고 있자면 부럽기도 하지만 한편으로 불편한 감정도 듭니다.

《연예인·인플루언서(Influencer)의 플렉스(Flex) 문화가 대학생들의 과시적 소비성향, 삶에 대한 만족도에 미치는 영향》(한국지역언론학회 통권 76호, 이정기·황우연, 2021)이라는 논문에 따르면 다음과 같습니다.

> 플렉스 노출은 대학생들의 상대적 박탈감에 결정적인 영향을 미쳤다. 그러나 동기 유발감에는 유의미한 영향을 미치지 않았다. 이는 미디어를 통한 플렉스 노출, 이른바 연예인이나 인플루언서들의 과시적 소비 행위를 본 경험이 많을수록 부정적 효과인 상대적 박탈감이 높아짐을 보여 준다. 반면 플렉스 노출은 긍정적 자극이나 영감을 얻는 동기 유발에는 유의한 영향을 미치지 않았다.

이 논문은 미디어를 통해 보는 플렉스가 '상대적 박탈감과 동기부여'라는 측면에서 어떤 영향을 미치는지 연구한 것입니다. 결론은 동기부여를 주지 못하고 오히려 상대적 박탈감만 높아진다고 합니다.

그렇다면 왜 동기부여와 영감을 주기 위해서 시작된 플렉스가 오히려 상대적 박탈감을 안겨 주는 것으로 변해 버린 것일까요? 처음에 플렉스는 어려운 환경을 이겨낸 자신에게 보상하고, 비슷한 어

려움을 겪고 있는 사람들에게 희망을 주는 '유의미한 이야기'를 가지고 있었습니다. 한 사람의 인생과 성공, 그리고 그가 자신의 힘으로 얻어낸 자본이 '가치와 의미'를 지녔습니다. 그가 보여 주는 물건에는 인내와 극복, 사랑이 있었습니다. 하지만 최근의 플렉스는 그런 이야기가 없습니다. 단순히 '나는 이런 좋은 물건을 소유한다'라는 일방적인 자랑이 있을 뿐입니다. 때문에 그걸 보는 사람들이 상대적 박탈감을 느끼는 것이겠지요.

빈센트 반 고흐, <구두 한 켤레>, 캔버스에 유채, 38.1×45.3cm, 1886,
네덜란드 반 고흐 미술관 소장.

농부의 성실함에 감동했던 반 고흐

자기 물건을 보여 줌으로써 내가 누구인지를 알리는 것이 플렉스의 한 측면이라면, 네덜란드 출신의 화가 빈센트 반 고흐의 이야기는 어떨까요? 하지만 그의 플렉스는 다소 소박한 물건으로부터 시작합니다. 고가의 차나 명품 옷이 아니라 해진 농부의 신발입니다.

반 고흐는 낡아 빠진 농부의 신발을 그렸습니다. 그림의 대상으로 선택한다는 것은 그 물건을 통해 느끼고 말하고 싶은 것이 있다

빈센트 반 고흐, 〈감자를 먹는 사람들〉, 캔버스에 유채, 82×114cm =, 1885,
네덜란드 반 고흐 미술관 소장.

는 뜻입니다. 화가는 그 물건을 아주 오랫동안 보며 붓질과 함께 자신만의 사고와 느낌을 쌓아 갑니다. 현대인들이 자기 물건을 통해서 자신이 누구인지 보여 주는 플렉스처럼, 반 고흐도 물건 하나를 사람들에게 보이며 메시지를 전합니다.

이 외에도 반 고흐는 시골 농부의 일상을 그림의 소재로 삼았습니다. 프로방스 지방에서 만난 농부들의 모습을 그렸는데, 그들은 깊은 수심과 고난을 성실한 노동으로 극복한 사람들이었습니다. 그들의 눈빛은 깊고 강렬했으며 고난 앞에도 무릎을 꿇지 않는 모습이었습니다.

반 고흐는 화려한 귀족들의 물건이 아닌, 들판에서 성실함을 일궈온 농부의 신발에 집중했습니다. 한마디로 농부의 신발을 플렉스해 버렸습니다. 〈구두 한 켤레〉는 플렉스입니다. 이미지 속에 물건이 있고, 그와 관련된 숭고한 극복의 이야기가 담겨 있기 때문입니다. 반면 요즘 SNS상의 플렉스는 단순한 돈 자랑이 많습니다. 물건만 있고 영감을 주는 이야기가 사라졌습니다.

가족도 과시의 대상이 되는 시대

높은 시청률을 이어간 드라마 〈스카이 캐슬〉은 오늘을 살아가는 대한민국 사람이 욕망하는 모든 것에 대한 이야기입니다. 부촌, 의사, 변호사, 서울대, 미모, 품위, 명성 등이 나옵니다. 드라마의 주인공들은 자신들이 소유한 것을 지키거나 더 갖기 위해 수단과 방법을 가리지 않고 경쟁을 벌입니다.

드라마에서 아빠이자 의사인 '강준상'에게는 비밀이 하나 있습니다. 첫사랑과의 사이에서 낳은 딸이 있었던 겁니다. 그러나 어릴 때 헤어져서 얼굴을 모르기 때문에 사고로 병원에 실려 온 딸을 알아보지 못합니다. 병원에 먼저 온 것은 딸이지만, 자신의 미래를 위해 나중에 온 병원장의 손자부터 수술하기로 결정해서 결국 딸은 골든타임을 놓쳐 목숨을 잃습니다. 이런 비극 또한 더 많은 재산과 명예를 위해서였지요. 그 후 딸의 죽음과 가정의 문제들을 겪으며 인생에서 가장 소중한 것이 무엇인지 생각하게 됩니다. 그리고 자신이 좇았던 것들의 무의미함을 깨닫게 되면서 어머니에게 다음과 같이 고백합니다. 어머니는 아들인 준상을 의사로 병원장으로 만들기 위해 평생 노력한 사람입니다.

준상 : 사표 낼 겁니다.

어머니 : 뭐라고? 병원에 뭐를 내? 너 제정신이니? 여기까지 어떻게 왔는데, 병원장이 코앞인데 사표를 내?

준상 : **어머니는 언제까지 저를 무대 위에 세우실 겁니까? 그만큼 분칠하고 포장해서 무대 위에 세워 놓고 박수받으셨으면 됐잖아요!** 어머니 뜻대로 분칠하시는 바람에 제 얼굴이 어떻게 생겨 먹은지도 모르고 50 평생을 살아 왔잖아요.

어머니 : 내가 너를 어떻게 키웠는데, 이제 와서 내 탓을 해?

아내 : 여보, 당신 얼굴 뭔데요? 어머니 아들, 예빈이 아빠, 내 남편, 주남대 교수, 그거 말고 당신 얼굴 뭐? 뭐가 더 있는데요.

준상 : 강준상이 없잖아, 강준상이! **내가 누군지 모르겠다고.** 여태 병원장 그거 목표 하나 보고 살았는데, 그거 좇다가 내 딸 내 손으로 죽인 놈이 되어 버렸잖아. 병원장이 뭐라고, 그까짓 게 뭐라고. 내가 누군지 모르겠어. 허깨비가 된 것 같다고! 어머니랑 제가 인생을 잘못 살았다고요!

준상의 어머니는 자식을 위해서라고 이것저것 강요했지만, 동시에 그것은 자식을 자신의 자랑거리로 삼기 위해서는 아니었을까요. 이런 일은 관심과 애정이라는 이름으로 부모 자식 간에 일상적으로 일어나기도 합니다. 저 역시도 자녀들이 학교에서 칭찬을 받거나 공부를 잘하면 뿌듯하고 으쓱합니다. 하지만 그러한 달콤한 우월감에 빠져 버리면 자녀의 존재 그 자체가 아니라, 성과에만 집착하게 되는 자신을 발견하게 될지도 모릅니다. 잘못된 플렉스는 불행을 안겨 줍니다.

나의 욕망은
진정 내가 원하는 것일까?

프랑스의 정신분석학자 자크 라캉은 그의 책 《에크리(Écrits)》(새물결, 2019)에서 "나의 욕망은 나의 것이 아니다"라고 했습니다. 그는 인간은 자신의 '자아'가 주인이 되는 '상상계'에서, 점차 타자를 만나야 하는 '상징계'로 편입된다고 했습니다. 상징계란, 라캉이 만든 개념으로 언어와 사회규범으로 구성된 질서의 세계인데, 쉽게 말하자면 공적인 사회입니다.

소위 '너, 언제 철들래?'라고 말할 때 '철이 들다'의 뜻은 사회질서를 알고, 그에 걸맞게 행동한다는 의미입니다. 상징계로의 편입을 말합니다. 반대로 '철이 안 들었다'는 의미는 여전히 자기만의 상상계 속에서 살아간다는 것이겠지요.

인간은 상상계의 어린 시절을 지나 점차 상징계로 들어섭니다. 라캉이 법과 규범이 지배하는 사회를 상징계라고 부른 것은, 모든 사회 구조가 언어로 형성돼 있기에 언어를 하나의 상징체계라고 보았기 때문입니다. 아이는 언어를 통해서 세계를 배우고, 그 언어 속에 녹아 있는 사회의 질서를 내면화합니다. 이렇게 기존 상징체계(질서)를 내면화하는 과정에서 또한 그 체계가 지향하는 욕망의 모델을 받아들이게 됩니다.

제가 고등학생 때 교실에 이런 문구가 있었습니다.

"한 시간 더 공부하면 미래 부인의 얼굴이 바뀐다."

웃자고 쓴 글일지는 몰라도 이 문장은 다양한 욕망을 포함합니다. 재산과 권력, 아름다운 여성의 소유가 공부를 통해서 가능하다는 사실을 제시합니다.

이처럼 일상적이고도 무의식적으로 사용되는 언어뿐만 아니라, 문화 콘텐츠와 사회구조 곳곳에도 욕망이 표현되고 그대로 사람들에게 주입되기도 합니다. 그래서 라캉은 우리가 가지고 있는 욕망이 우리의 것이 아니라고 말합니다. 내가 무언가가 되고 싶다고 해도 그것이 정말 내가 원하는 것이 아닐 수 있다는 의미입니다.

제가 요즘의 플렉스를 의아하게 생각하는 지점이 여기에 있습니다. 래퍼들은 처음에 미국 사회의 차별에 저항하며, 사회의 부조리를 랩으로 만들었습니다. 개성 있게 자신만의 길을 노래합니다. 주체적으로 살고자 하는 고뇌를 가사에 담습니다. 하지만 요즘 플렉스 문화는 너무나도 평범하기 그지없는 사회의 욕망 모델의 결과물 그 이상, 그 이하도 아닌 듯합니다. 극복이나 저항이 아닌, 적극적인 동화만이 있을 뿐입니다.

라캉은 프랑스어로 욕망(Desir)을 요구(Demande)와 욕구(Besoin)의 차이로 정의했습니다. 개인의 실제 욕구와 이 욕구를 채우기 위해 타인에게 요구하는 그 사이에서 채워지지 않는 틈이 발생하는데, 그게 욕망이라는 것입니다.

플렉스는 기본적으로 '인정 욕구'입니다. 자신의 존재를 드러내 타인에게 인정을 요구하는 것입니다. 하지만 이 욕구에는 끝이 없기에 결국 인정 욕구의 노예가 될 수 있습니다. 타인의 인정은 물론 기쁜 것이지만, 단순히 가진 것을 과시해서 얻는 관심은 허무하기만 합니다.

피겨의 여왕 김연아는 선수 생활을 마무리하면서 자신의 심정을 표현한 적이 있습니다. 그 기사에서 그는 "Emptiness"라는 단어를 사용했습니다. 즉, 허무함을 느낀다고 했습니다. 그는 다양한 기록을 가진 위대한 선수로 모든 면에서 성공한 사람입니다. 많은 사람의 인정과 찬사를 오래도록 받기도 했습니다. 하지만 선수 생활을 마친다는 것은 그 모든 것과 멀어지는 것을 뜻하고, 그에 반응하던 마음은 허무해집니다.

즉, 삶은 타인의 인정을 통해 의미 부여되는 것이 아니라 '내 삶을 어떻게 살아가야 할까?' '삶을 대하는 내 마음은 얼마나 진실한가?'라는 질문에 정직한 대답을 해 나감으로써 완성됩니다.

최근의 김연아는 그 질문에 자신만의 답을 멋지게 써 가고 있습니다. 상대적으로 전보다는 소탈한 삶을 받아들이고, 일반인처럼 생활하며 일상을 기뻐하는 모습입니다.

영국의 동물 행동학자, 환경 운동가 제인 구달. 아프리카 침팬지 연구자로 유명하다.

타인을 의식하지 않을 때 오는 자유

"침팬지의 어머니"로 불리는 학자가 있습니다. 영국의 동물학자이자 동물운동가인 '제인 구달'입니다. 그는 아프리카에서 40년을 지내며 침팬지를 연구했습니다. 단순히 침팬지를 관찰하는 것을 넘어 그들과 함께 살고 늙어 갔습니다.

그는 어릴 때 아프리카 밀림에 불시착해 동물들에게 양육된다는 내용의 소설 《타잔(Tarzan)》을 읽고 아프리카에서 동물을 연구하고 싶다는 꿈을 갖게 되었습니다. 하지만 대학에 진학하지 못해 학자의 꿈을 이루지 못하는가 했습니다. 그러던 중 친구의 아버지가 아프리카로 일을 하러 가면서 함께 갈 수 있는 길이 열리게 됩니다. 제인 구달은 웨이트리스로 일하면서 돈을 모아 결국 아프리카로 날아갔습니다.

제인 구달은 꿈에도 그리던 아프리카 케냐에 도착해 나이로비 국립 자연사 박물관을 방문하게 되고, 거기에서 고인류학자 '루이스 리키' 교수를 만납니다. 교수는 제인 구달이 전문적인 자격을 갖추지는 않았지만, 열정을 높이 평가하고 그녀를 자신의 비서로 일하게 하면서 침팬지를 연구하게 도와줍니다. 그렇게 시작된 제인 구달의 침팬지 연구는 40년이 넘게 이어졌고, 학계를 뒤흔드는 놀라운 업적을 이루어 냈습니다.

제인 구달이 세계적으로 주목을 받은 것은 연구 업적 외에도, 밀림에서 침팬지와 생활하며 생긴 유난한 유대감에 있습니다. 가장 유명한 일화는 상처를 입고 죽을 뻔한 침팬지 '운다'를 정성껏 돌봐준 후 밀림에 풀어 주었는데, 밀림을 향해서 곧장 달려갈 줄 알았던 운다가 돌아와 제인을 안아 주는 이야기입니다.

제인은 지구상에서 가장 유명한 동물학자이지만, 한 번도 유명해지기 위해 일하지 않았습니다. 그저 자신의 관심사에 삶을 바쳤고, 그 과정에서 만나는 모든 것을 소중히 여겼습니다. 그것은 멋진 플렉스였습니다. 타인에게 자랑해야 한다는 생각도 없고, 나 자신을 각인시켜야 한다는 욕구도 없었습니다. 오로지 자신 앞에 놓인 세계와

미합중국 제44대 대통령 버락 오바마.

사랑에 빠졌기 때문입니다.

미국의 제44대 대통령 버락 오바마는 '남자다움'이라는 주제로 이야기한 적이 있습니다.

"남자답다는 건, 우선 무엇보다 좋은 사람이어야겠지요. 책임감 있게 행동하고 신뢰할 수 있으며 열심히 일하고, 친절하며 공손하고 인정을 베푸는 것을 뜻합니다. 만약 여러분이 자신의 재정 상태에 확신이 있다면 아마도 8파운드씩이나 나가는 목걸이를 걸고 다니지는 않을 겁니다. 왜냐하면, 여러분도 아실 테지요. 은행에 돈이 있는데, 굳이 내가 얼마를 가지고 있는지 보여 줄 필요가 없다는 사실을 말입니다. 내가 남자로서 매력적인 사람이라면 굳이 여러 여자를 주변에 거느리고 다닐 필요도 없습니다. 왜 굳이 그런 식으로 행동하면서 동시에 스트레스도 받는지 이해가 안 됩니다. 저에게 여자는 오직 한 명뿐이고, 그녀와 굉장히 행복합니다. (……)

'남자라면 이렇게 행동해야지'라는, **어찌 보면 굉장히 진부한 방식으로 과장되게 행동함으로써 보상받아야 한다고 느끼는 것 같아요. 그건 우리가 빠진 덫이고 여기에서 빠져나와야 합니다.** 여러분이 가진 장점에 대한 확신이 있다면 남들을 깎아내리는 모습을 통해 자신을 드러내기보다, 남을 치켜세우는 힘을 보여 줬으면 좋겠습니다. 타인에게 잘 대해 주고 존중하며 그렇게 이끌어 주는 겁니다."

오바마는 플렉스하는 청년들의 문화가 오히려 열등감의 표현이며, 진부하고 과장된 것이라고 말합니다. 정말로 강하다면 굳이 드러낼 필요가 없으며, 마치 산행을 하다 높은 턱을 올라오지 못하는 동료를 끌어올려 주듯이 타인에게 도움을 줌으로써 진정한 플렉스를 할 수 있다고 조언합니다.

이제 삶의 역사가 묻어나지 않는 물건 자랑의 플렉스로부터 멀어져, 자신만의 인생을 남들과 비교하지 않고 진지하게, 한걸음씩 살아가는 진정한 플렉스를 생각해 볼 때가 아닐까요?

4장

소확행

진정한 행복과 만족

사랑을 경험하려면 민감해야 한다

2011년, 우리 집에 아이가 태어날 때 몇 가지 준비를 했는데 그중 하나가 DSLR(Digital Single Lens Reflex) 카메라를 사는 것이었습니다. 당시만 해도 '똑딱이'라고 해서 버튼만 누르면 사진이 찍히는 간편한 카메라가 있었고, 좀 더 완성도 있는 사진을 찍고 싶은 이들은 다양한 렌즈로 교체할 수 있는 DSLR을 사는 분위기였습니다. 카메라 몸체와 렌즈를 사는 데 200만 원 정도 들었는데, 사진을 찍어 보니 배경이 흐리게 보이는 아웃포커싱 효과가 나는 멋진 사진을 얻을 수 있어 상당히 만족했습니다. 그 카메라로 아이들이 자라는 모습은 물론, 가끔은 혼자 이것저것 찍어 보며 즐거운 시간을 보냈습니다.

사진을 찍으면서 알게 된 두 가지가 있는데, 하나는 '내가 무엇을 좋아하는가'이고, 다른 하나는 '자세히 보면 세상은 다르다'는 것입니다. 매일 다니던 길, 만나는 사람, 보는 건물도 사진을 찍으려는 마음으로 보니 경이롭게 여겨졌습니다.

한 번은 봄이 올 무렵, 작은 들꽃이 땅을 헤집고 올라오는 모습을 카메라로 담기 위해 쭈그려 앉았습니다. 렌즈 속에는 더 이상 흔하게 길가에 핀 들꽃은 없었습니다. 마치 처음 보는 것 같은 기분이었습니다.

'왜 그동안 모르고 있었을까?'

주변을 자세히 보면 길가에는 이름 모를 들꽃이 피어 있다.

수없이 지나던 길인데도 한 번도 그 꽃을 자세히 본 적이 없었던 겁니다.

어느 날, 아내와 이야기를 하다가 순간 그 얼굴을 자세히 들여다본 적이 있습니다. 눈동자와 눈가의 주름, 그 밖의 생김새를 보고 있자니, 내가 알지 못하는 낯선 얼굴이 나타났습니다.

'이 사람이 내가 아는 그 사람이 맞나?'

이런 의문과 함께 마음에서 탄식이 흘러나왔습니다. 내가 타인에게 전혀 집중하지 않고 있으며, 내가 가진 기억은 그저 '나의 생각'일 뿐이라는 사실을 깨달았습니다.

들꽃도 가족의 얼굴도 제대로 살피지 못하고 자신밖에 모르고 살았던 건 아닐까, 그래서 내 앞에 놓인 신비하고 아름다운 것들을 인지하지 못하는 건 아닐까. 결과적으로 실제로 존재하는 것이 아닌 '나에 의해서 왜곡되고 조작된 것'들을 만나고 있는 건 아닐까.

이는 저만의 개인적인 경험은 아닌가 봅니다. 인도의 예수회 신부 앤소니 드 멜로는 자신의 책 《사랑으로 가는 길》(삼인, 2012)에서 '사랑을 경험하려면 주변의 모든 사람들이 지닌 독특함과 아름다움에 민감해야 합니다. 눈에 띄지도 않는 것을 무슨 수로 사랑하겠습니까?'라고 말했습니다.

사랑하고 사랑받는다는 것

일요일 오후, 함께 교회를 다니는 분들과 카페에 모여 시간을 보내던 중, '좀 더 나은 삶을 위해서 어떻게 살아야 하나'라는 주제로 이야기를 나누게 되었습니다. 저는 이렇게 말했습니다.

"좋은 삶이 되려면, 중요한 것을 중요하게 여겨야 할 것 같아요."

며칠 전 초등학교 4학년 아들과 독수리를 보러 갔던 이야기를 시작했습니다. 수년 전부터 겨울철이면 서산을 비롯한 충남 일대에 몽골에서 독수리들이 날아와서, 가끔 아이들과 보러 가는 것이 즐거움 중 하나입니다.

"들판을 지나 논두렁을 건너서 독수리 서식지로 갔어요. 그런데 하늘이 맑은 날인데도 독수리가 하나도 보이지 않더라고요. 그래서 '오늘은 못 보나 보다' 생각할 때쯤, 산 뒤쪽에서 독수리 한 마리가

날아와 우리 머리 위를 지나갔어요. 저와 아들은 탄성을 질렀고 너무나 행복한 시간을 보냈어요.

돌아오는 길에 아들이 저에게 자기 마음에 있는 이야기를 했어요. 그 내용을 공개할 수는 없지만, 그동안 저도 알 수 없었던 깊은 내용이었어요. 저는 진지하게 이야기를 듣고 공감했습니다.

만약 제가 태어나서 그동안 이룬 모든 성취, 가지고 있는 모든 물건과 그날 오후에 아들과 함께 보낸 시간의 무게를 달아 본다면, 저는 주저 없이 아들과의 시간이 더 가치 있다는 생각이 들어요. 그 어떤 것도 아들과의 시간을 통해서 제가 경험한 깊은 행복과는 비교가 안 된다고 생각합니다.

좋은 삶을 살려면 가장 중요한 것은 가장 중요한 것으로, 상대적으로 덜 중요한 것은 덜 중요한 것으로 구분해 살아가야 하지 않을까 싶습니다."

인생의 목적은 즐거움이다

'철학' 하면 여러분은 어떤 생각이 드세요? 뭔가에 대해 대단히 많이 생각하는 것? 떠올리기만 해도 머리가 지끈지끈 아파 오는 것?

그런데, 철학을 바라보는 것도 시대와 인물에 따라서 각각 초점이 다릅니다. 이것을 알면 조금은 철학이라는 학문에 편하게 다가갈 수 있습니다. 예를 들면, 소크라테스는 '어떻게 잘 살까?'라는 실천적인 측면에서 철학을 했습니다. 윤리적 측면이라고도 합니다. 플라톤은 소크라테스의 제자로서 스승과 동일한 관심사를 가지고 있었지만, 잘 살기 위해서 '인간은 어떻게 진리를 알 수 있는가?'라는 조금 더 학문적인 내용에 초점을 맞췄습니다.

시간이 지나 중세에 이르러 철학의 중심에 '신'이 자리합니다. 잘 살기 위해서 '나는 어떻게 신의 뜻과 계시를 알 수 있는가?'라는 주제가 중요해집니다. 그러다 근대로 넘어오면서 신이 아닌 '인간의 이성'이 중심을 차지하며 '합리성'이라는 개념이 등장합니다. 이때는 철학적 언어가 수학과 과학으로 발전하기도 했습니다.

이렇듯 철학은 그 시대의 가장 중요한 과제를 중심으로 강조하는

미국 뉴욕의 메트로폴리탄 박물관에 있는 에피쿠로스 흉상.

부분이 달라졌는데요, 고대 그리스 철학자 에피쿠로스가 활동했던 기원전 4세기는 그리스 문화에 거대한 변화가 일어난 때입니다. 그는 아테네에 '케포스'라는 정원을 구입해 학교를 세웁니다. 에피쿠로스를 중심으로 한 생각과 삶의 방식을 지향했던 사람들을 에피쿠로스학파라고 합니다.

이때 펠로폰네소스 전쟁으로 도시국가였던 아테네가 붕괴되고, 마케도니아 제국이 새로운 패권으로 등장합니다. 이러한 역사적 환경은 사람들의 생각에 영향을 미치기 때문에 자연스럽게 지성적 차원에서도 변화를 일으켰습니다.

제국의 탄생은 지역공동체를 약화시켰습니다. 왜냐하면 작은 공동체에서 살 때는 나와 관련된 일들을 결정할 때 어느 정도 참여할 수 있었는데, 거대한 제국이 되고 나니 내가 사는 작은 공동체는 변두리로 밀려나 결정 과정에 도저히 참여할 수 없는 상황이 되어 버렸기 때문입니다. 나름이기는 하겠지만, 대기업에 다니는 사람들보다 상대적으로 중소기업에 다니는 사람들이 회사의 중요한 결정에 더 참여할 수 있는 것과 같습니다.

폴리스(Polis, 고대 그리스의 도시국가)를 중심으로 작은 공동체 속에서 살아가던 그리스인들은 제국의 탄생과 함께 자기 인생의 주도권을 빼앗기게 됩니다. 무엇 하나 마음대로 참여할 수 없고 기득권자에게 대부분을 위임할 수밖에 없었습니다. 이렇게 공동체 중심에서 벗어나 결정권을 빼앗기면서, 대부분 사람은 자기의 행복에 몰입하게 됩니다. 정치적 무력함이 사회에 대한 철학적 고민과 멀어지게 만들어, 결과적으로 개인의 행복에 집중하는 경향이 나타난 것입니다.

이러한 시대에 에피쿠로스의 생각은 광범위하게 받아들여지기 시작합니다.

"인생의 목적은 즐거움이다!"

좋은 쾌락은 적절한 금욕에서 나온다

에피쿠로스학파는 어떻게 하면 인간이 즐겁게 살 수 있을지 고민했습니다. 가장 우선적으로 제안한 것은 '복잡한 일에 휘말리지 말라'는 것이었습니다. 즉, 걱정과 위험을 가져올지 모르는 정치나 다른 일들에 개입하지 말라는 뜻입니다.

세상을 바꾸겠다는 허황한 일 대신 조용히 평화롭게 치즈와 와인을 즐기며 안락하게 살아갈 것을 권했습니다. 그들에게 '선(善, 도덕적 생활의 최고 이상)'은 '쾌락'이었습니다. 쾌락이야말로 인간이 평생 추구해야 할 가장 중요한 가치라고 여겼습니다.

'소확행'이라는 말이 있습니다. '소소하고 확실한 행복'의 줄임말입니다.

제가 초등학교를 다닐 때만 해도 아이들의 꿈은 과학자이거나 대통령이 많았습니다. 그 당시에는 열심히 일하고 사회에 이바지해서, 이름을 남기는 사람이 되는 것이 많은 이들의 바람이었습니다. 그리고 마음먹고 노력만 하면 얼마든지 가능하다고 생각했습니다.

하지만 우리나라를 덮친 IMF 외환 위기 이후로 경제적 양극화가 심화되고, 자본의 소유 규모가 사회적 지위를 결정짓는 현상이 늘어나면서, 더 이상 "개천에서 용 난다"는 말은 불가능하다고 여겨졌습니다.

아무리 열심히 일한들 도시에 자기 소유의 집 한 채 살 수 없는데 저축은 해서 뭐하냐는 생각을 하게 됐고, 이룰 수도 없는 꿈은 접고 작지만 확실히 누릴 수 있는 행복을 좇자는 삶의 태도가 늘어나게 되었습니다.

소확행 하면 가장 먼저 여행이 떠오릅니다. 우리나라 기준으로 유럽 등은 여행비가 비싸고, 그나마 부담이 덜한 곳은 베트남이나 태국 같은 동남아시아입니다. 비행기 푯값을 제외하면 국내에서는 상당한 비용을 줘야 묵을 수 있는 호텔에서 머물며 수영과 뷔페를

즐길 수 있습니다. 깨끗하고 좋은 방에서 자고 맛있는 현지 음식을 먹는 것은 충분한 휴식이 됩니다.

하지만 매번 비슷한 곳만 여행하면 결국은 익숙해지고 지겨워지고 쾌락은 줄어들기 마련입니다. 에피쿠로스학파는 아무리 좋은 음식이나 경험도 반복되면 쾌락이 줄어든다는 것을 알았습니다.

그래서 그들은 쾌락을 계산해 보았습니다. [나중에 등장한 공리주의(행위의 목적이나 선악 판단 기준을 인간의 이익과 행복을 증진하는 데 두는 사상)라는 철학 사조의 선배 격이 에피쿠로스학파입니다.] 어떤 쾌락은 강도가 높지만 지속력이 짧고 후유증이 남는다는 사실과 반대로 강도는 낮지만 지속력이 길고 후유증이 남지 않는 쾌락이 있다는 사실을 알게 되었습니다. 그리고 궁극적 행복에 도달하기 위해서는 후자의 쾌락을 추구해야 한다는 결론에 도달합니다.

예를 들면 마약의 경우, 에피쿠로스학파는 금기해야 할 쾌락으로 생각했을 것입니다. 마약이 주는 쾌락의 강도는 높지만 지속적이지 않으며 후유증이 심해 결국에는 고통을 안겨 주기 때문입니다.

반면 운동은 어떨까요? 쾌락의 강도는 높지 않지만 지속적으로 엔도르핀 같은 몸에 좋은 물질을 만들어 주고, 결과적으로 건강이라는 유익을 주기에 취해야 할 쾌락으로 분류됩니다. 이런 식으로 좋은 쾌락과 나쁜 쾌락을 나누다 보니 하나의 원리를 발견하게 되는데 **좋은 쾌락은 '적절한 금욕'을 통해 얻게 된다**는 것이었습니다.

운동은 육체적 건강과 함께 정신적 건강도 증진시켜 준다.

당시에도 에피쿠로스 철학자들에 대한 오해가 참 많았습니다. 가장 큰 오해는 쾌락이라는 단어 때문에 생겼습니다. 그들이 무분별하게 쾌락에만 탐닉한다는 소문이 돌기도 했습니다. 하지만 그들은 누구보다도 '절제된 삶'을 중히 여겼습니다. 쾌락의 전문가로서 진정한 쾌락을 위해 산책, 독서, 친구들과의 대화 등을 즐겨 했습니다.

가장 즐거운 것은 일상 속에 있다

제가 학교 생활관에서 숙직을 하는 날의 일입니다. 야간 자율 학습을 하는 공간에서 아이들이 무엇이 그리도 재미있는지 깔깔 웃고 있는 모습이 보였습니다. 궁금했던 저는 아이들을 잠깐 사무실로 불렀습니다. 아이들은 무슨 혼이 나는가 싶어 잔뜩 긴장한 얼굴이었습니다.

"사는 게 재미있지?"

아이들은 이 질문이 비꼬는 말이라고 생각했는지 고개를 푹 숙였습니다.

"아니, 얘들아…. 사는 게 진짜 재미있지 않냐고."

아이들은 그제야 고개를 들고 '선생님이 무슨 이야기를 하려는지 들어 보자' 하는 표정으로 저를 바라보았습니다.

"너희들 까뒤집히게 웃는다는 말이 뭔지 아니?"

잠시 후 한 아이가 말했습니다.

"자지러지게 웃는다는 뜻인가요?"

"그렇지, 그것도 비슷한 말이지. 웃는데 너무 웃겨서 속에 아무것도 남지 않을 정도로 토해 내듯 웃는다는 뜻이야. 조금 전에 너희가 꼭 그렇게 웃더라고."

"예."

"그런데 무슨 이야기를 했어? 아마도… 쓸데없는 말이었겠지, 그렇지?"

"예."

한 명 한 명에게 최근에 웃으면서 했던 이야기들을 물어보자 다들 "쓸데없는 이야기를 하며 웃었다"고 했습니다.

"그래, 재미있는 이야기는 원래 쓸데없는 것들이지. 시시콜콜한 사는 이야기 말이야. 그런데 만약 너희가 지금처럼 까뒤집히게 웃는 순간을 돈으로 산다면 얼마를 줄래? 한번 생각해 봐. 물건을 샀을 때의 즐거움이나 재미있는 영화를 봤을 때와 비교해서."

아이들은 가만히 생각하기 시작했습니다. 그리고 한 아이가 질문했습니다.

"딱 한 번만 살 수 있는 건가요?"

"흠…. 곧 죽게 되는 사람이라고 생각해 보자. 죽기 전에 딱 한 번 살 수 있다면 얼마를 주고 살까?"

아이들은 쉽사리 금액을 말하지 못했습니다.

"얼마인지는 잘 모르겠지만 큰 금액일 것 같지? 만약 수조 원의 재산이 있는 사람이라면 1조 원을 쓸 지도 모를 만큼."

아이들은 고개를 끄덕였습니다.

"나도 고등학교 때 너희들처럼 그렇게 까뒤집히게 웃었던 기억이 나. 친구들하고 쓸데없는 이야기를 하며 웃었던…. 그런데 그 이후로 그렇게까지 웃어본 적이 잘 없는 것 같아."

아이들은 나를 바라보며 가만히 있었습니다.

"내가 하고 싶은 말은 지금이 참 소중한 시간이라는 거야! 그렇게 마음껏 웃을 수 있는 때가! 그런데 학습실에서 그러면 안 된다. 알았어?"

"예. 알겠습니다."

돌아서는 아이들 사이에서 한 명이 저에게 말했습니다.

"선생님, 감동적인 이야기 감사해요."

행복은 무엇을 해서 얻는 결과물이 아닐지 모릅니다. 이미 우리 곁에 있기 때문에 애써서 얻을 필요가 없을지도 모릅니다. 무심코 지나쳐 버린 일상에 행복이 숨어 있다는 사실을 깨닫기만 한다면, 꼭 소확행을 하지 않아도 괜찮지 않을까요.

5장

\# 나답게

보여지는 나와 진짜 나

너희들의 시는 무엇이냐?

중학교 2학년 때 국어 선생님은 지금까지도 잊지 못하는 분입니다. 학생들과 진심으로 소통하고 싶어 했던 분이기 때문입니다.

하루는 국어 선생님과 학생 몇 명이 영화를 보러 갔습니다. 그때 봤던 영화는 〈죽은 시인의 사회〉입니다. 아직 어렸기에 영화의 내용을 전부 이해할 수는 없었지만 선생님과 함께 영화와 관련된 진지한 대화를 했던 기억이 납니다. (나이가 들어 다시 본 이 영화는 어른과 전통을 마냥 나쁘게만 묘사하는 면이 과하다고 느껴지기는 합니다.)

〈죽은 시인의 사회〉는 1950년대 미국의 보수적인 남자 사립학교 '웰튼'을 배경으로, 입시 위주의 교육제도로 인해 자유를 누리지 못하는 학생들의 이야기입니다. "카르페디엠(Carpe Diem, 현재를 즐겨라)"이라는 명대사를 남기기도 했습니다.

웰튼의 졸업생이자 교사인 '키팅'은 학교 전통과는 상반된 파격적인 교육을 시도합니다. 그는 시를 설명하는 교과서의 서문을 과감히 찢어 버리라고 합니다. "내 수업에서는 스스로 생각하는 법을 배워라. 단어의 맛과 언어의 맛을 즐겨라!" 그러면서 "너희들의 시는 무엇이냐?"고 묻습니다.

사실 이 시간은 아이들을 대학에 보내기 위한 시를 분석해야 했습니다. 이름깨나 있는 박사들이 해 놓은 분석을 익히고 외워서 시험 시간에 쏟아 놓으면 되는 것이었습니다. 하지만 키팅은 아이들

로빈 윌리엄스 주연의 미국 영화 〈죽은 시인의 사회〉의 한 장면.

에게 스스로 생각하고 시를 만들어 내라고 요구했습니다. 그는 다른 이들이 바라본 세상을 그대로 학습하는 것이 아니라, 학생 개개인의 마음을 표현하며 고유한 세상을 만들어 보라고 요청한 것입니다.

의식과 무의식 사이

하지만 나만의 시, 나만의 삶을 만들어 낼 수 있을까요? 정말 '나만의 생각'이라는 것이 있기는 할까요?

1856년 오스트리아에서 태어난 심리학자 겸 신경과 의사인 '프로이트'는 '무의식'의 영역을 발견한 것으로 철학·정신분석학적 업적을 남겼습니다. 무의식이란, 인간 정신의 가장 깊은 층으로, 인지할 수 있는 의식의 밑에 숨겨져 있는 생각, 감정, 기억, 경험 등을 말합니다. 프로이트 이전까지 모든 철학은 의식에 대해서만 이야기했습니다. 인간이 무엇을 알 수 있는지, 어떻게 알 수 있는지 등 모든 것은 의식에 대한 것이었습니다. 하지만 프로이트에 의해 인간에게는 무의식의 영역이 더욱 크며, 이것이 의식에도 영향을 주는 것을 알게 되었습니다.

철학자들은 기로에 섰습니다. 프로이트의 주장을 받아들인다면, 인간이 생각하는 많은 것들은 사실상 무의식의 결과일 뿐이고, 무의식이 무엇을 담고 있는지가 중요해진 것입니다. 프로이트는 무의식은 밤에 꾸는 통제되지 않는 꿈, 의도치 않게 하는 실수, 재미 삼아 하는 농담 등을 통해서만 알 수 있다고 했습니다.

무의식의 발견은 "인간이 만물의 영장"이라고 우쭐대던 근대 사람들에게 말할 수 없는 혼란을 주었습니다. 주체적으로 생각하고 행동한다고 믿었던 것들이 사실은 어떠한 충동에 의해서 생각하고 행동했던 것이라는 뜻이기 때문입니다. 의식을 가진 내가 주인인 줄 알았는데, 알고 보니 내가 알지 못하는 무의식이 주인이었던 꼴이 된 것입니다.

정신분석학의 창시자 지그문트 프로이트.

프로이트는 일상생활에서 실현되지 못한 억압된 생각이나 감정이 무의식의 영역으로 흘러 들어가게 되며, 이는 의식에도 영향을 준다고 했습니다. 그는 정신을 구성하는 3가지 요소를 에고(Ego), 슈퍼에고(Super-ego), 이드(Id)로 나눴습니다. 이드는 본능적이고 충동적인 욕구입니다. 쾌락의 원칙을 따라 행동하며 즉각적인 만족을 추구합니다. 슈퍼에고는 사회적 규범, 도덕, 양심을 말합니다. 이상적인 자아를 추구하며 불안감과 죄책감을 통해서 이드를 통제합니다. 에고는 이드와 슈퍼에고 사이에 합리적 균형을 이루는 자아입니다. 이드의 요구를 적당히 들어 주며, 슈퍼에고의 규칙도 받아들여 사회적 인간이 될 수 있도록 합니다.

하늘이 맑은 따뜻한 봄날, 수업 시간에 교실을 나가 산책을 가고 싶은 충동이 이드이고, 교실을 지키고 있는 교사의 통제가 슈퍼에고라면, 자신의 충동과 교사의 통제 사이에서 '기다렸다가 쉬는 시간에 나가자'라고 중재를 하는 존재가 에고입니다. 하지만 언제나 합리적으로 중재가 이루어지는 것은 아닙니다. 자아의 통제를 벗어나 이드가 지배하면 행동이 '맥락 없는 급발진'처럼 보일 수 있고, 반대로 억압이 너무 강하면 방어기제가 작동해 자신의 욕구가 무의식으로 밀려 들어가게 됩니다. 이렇게 무의식으로 들어간 욕구는 때로는 자신도 통제하지 못하는 행동으로 불쑥 나타나기도 합니다.

정신분석학에 대한 내용을 보여 주는 〈인셉션(Inception)〉이라는 영화가 있습니다. 인셉션이란, 누군가의 무의식에 어떠한 생각을 주입하는 것인데 정신분석학 용어이기는 하지만, 실제로는 가능하지 않은 기술입니다. 주인공 '코브'는 인간의 무의식으로부터 정보를 알아내는 전문가입니다. 그러다 어떤 불법적인 일에 휘말리게 되고, 자신의 가족을 남겨둔 채 외국으로 도망하는 신세가 됩니다. 그의 간절한 소망은 집으로 돌아가는 것입니다. 그러던 중 기회가 찾아옵니다!

한 기업의 CEO인 '사이토'가 자신이 원하는 것을 들어 주면 집으로 돌아갈 수 있도록 범죄 수배를 해제해 주겠다고 제안합니다. 그 제안은 경쟁 기업의 상속자인 '피셔'의 무의식에 하나의 생각을 심는 것인데, 그것은 자기 아버지의 기업을 여러 개 회사로 분리시켜야 한다는 생각입니다. 코브는 처음에는 거절하지만, 집에 돌아가고 싶은 간절한 마음에 그 제안을 받아들입니다.

영화 〈인셉션〉에서 타인의 꿈에 들어가 생각을 훔치는 특수 보안요원 코브.

코브는 자신의 팀과 대상자를 공부하기 시작합니다. 그리고 곧 대상자가 어린 시절부터 아버지로부터 인정받지 못한 결핍이 있다는 사실을 알고 그 부분을 공략하기로 합니다. 부모로부터 적절한 돌봄과 사랑을 받지 못한 아이는 무의식적으로 타인으로부터 인정받으려는 행동을 많이 하게 되고, 그것이 달성되지 못했을 경우 심한 우울감에 빠집니다. 언뜻 주체적으로 삶을 열심히 사는 것으로 보일 수도 있지만, 사실은 타인의 인정을 받으려는 무의식에 끌려가는 삶이라고 볼 수 있습니다.

코브는 대상자 피셔를 꿈으로 빠져들게 하고 무의식에 생각을 심습니다. '아버지는 아들이 자신(아버지)의 회사를 해체한 후 자수성가하기를 바라며, 그런 아들을 자랑스러워한다'는 내용입니다. 코브는 피셔의 무의식에 '스스로 성공하라'는 메시지를 넣는 데 성공합니다.

이후에 피셔가 하는 행동을 자신의 생각으로 볼 수 있을까요? 다시 처음의 질문으로 돌아가 보겠습니다. 나의 생각은 정말 내가 생각한 것일까? 무의식중에 흉내내거나 주입된 것은 아닐까? 내키는 대로 감정이나 생각을 따라 인생을 산다면 그것은 진정으로 주체적인 삶일까?

흔히 말하는 '나답게 산다'는 말은 쉽지 않아 보입니다. 내가 품은 생각의 내용이 과연 어디로부터 왔는지 먼저 알아야 하기 때문이겠지요.

스스로에게 계속 질문해야 하는 이유

정신분석학자 자크 라캉은 '자신의 욕망이라고 생각하는 많은 것들이 사실은 타자의 욕망'이라고 했습니다. 여기에서 타자란, 자기 외의 사람을 말하기도 하지만 사회나 국가 또는 시대를 말하기도 합니다.

라캉은 '상징계'라는 개념을 소개하기도 했습니다. 상징계란 언어, 문화, 법, 도덕, 관습 등으로 형성된 세계를 말합니다. 상징을 이해하기 위해서는 먼저 '기호'가 필요합니다. 기호는 어떠한 뜻을 나타내기 위해 쓰는 부호, 문자, 표지 따위를 통틀어 이르는 말입니다. 쉽게 화살표나 화장실 표시, 고속도로 휴게소 표시 등이 있습니다. 언어 역시 일종의 기호입니다. 빵이라는 단어는 '밀가루를 주원료로 반죽해서 발효한 뒤 불에 굽거나 찐 음식'을 의미합니다. 빵은 하나의 기호이며 실제로 존재하는 빵을 가리킵니다. 이처럼 기호는 실제로 존재하는 무언가를 사람이 소통하기 위해서 만든 글자나 그림입니다.

반면 상징은 조금 더 의미가 확장됩니다. 말하고자 하는 대상과 의미를 포괄적으로 나타냅니다. 프랑스 혁명 때 시민들이 외쳤다는 "빵이 아니면 죽음을 달라"는 말에서 빵은 음식 그 자체의 빵을 뜻하기도 하지만 '인간이 생명을 이어가기 위해 필요한 기본적인 생계'라는 추상적인 의미를 전달하기도 합니다.

상징계는 이처럼 다양한 의미를 나타내는 상징들의 총합입니다. 상징과 상징이 모여 질서와 문명을 이룹니다. 한국인에게는 한국인의 상징계가 존재하고, 프랑스인에게는 프랑스인의 상징계가 존재하며, 인간이기에 인류 보편적인 상징계도 존재합니다. 다만, 이러한 상징계는 '인간을 중심으로 소통'이 되도록 짜여 있으며, 어떠한 내용과 의도를 가지고 있습니다. 앞서 예로 들었던 드라마 〈스카이캐슬〉의 경우처럼 어떤 집안, 부모, 지역에서 태어나면 무의식적으로 혹은 강제로 그 집단이 사용하는 상징 언어를 사용해야 합니다. 그렇게 상징 언어를 사용하는 순간부터 그 집단이 가진 의도와 욕망을 받아들인다는 것이 라캉의 생각입니다.

이에 따르면 개인이 가지고 있는 생각이나 욕망이 과연 얼마나 '나 자신의 것'일 수 있을까요? 이것은 좋다 나쁘다의 문제가 아닙니다. 다만, 요즘 너도나도 자기만의 생각을 가져야 한다거나 자기만의 길을 가야 한다고 강조하면서 대단히 독립적인 삶을 권장하지만, 실상은 대다수의 사람이 구조적 욕망 안에서 살고 있지는 않을까요?

세상이 정한 성공과 내 마음이 결정한 길은 전혀 다를 수 있습니다. 진짜로 주체적이거나 독립적인 사람은 많은 이들이 부러워하는 삶의 반대편, 조용한 새벽과 같은 곳에 서 있을지 모릅니다.

가장 자기다운 삶을 살았던 사람 중 하나는 '이태석 신부'라고 생각합니다. 의과대학을 졸업하고 사제가 된 후 아프리카 수단에서 병원과 학교를 설립해 원주민을 위해 헌신한 분입니다. 2001년 수단 남부의 톤즈라는 마을에 가서 2010년 암으로 세상을 떠날 때까지 아무도 주목하지 않는 작은 마을에서 자신 인생의 가장 소중한 시간을 바쳤습니다. 그는 다수가 열망하는 삶이 아닌 자기 내면에서 옳다고 동의하는 삶을 선택했습니다.

저는 학교에서 학생들의 고민을 자주 듣습니다. 아이들의 가장 큰 관심이자 걱정은 미래에 대한 것입니다. '앞으로 무슨 일을 할까' '뭘 해야 먹고살 수 있을까'라는 고민과 두려움이 있습니다. 원래 아이들은 누구나 마음속에 별과 같은 꿈이 있습니다. 우주비행사가 될까, 택시 운전사가 될까, 대통령이 될까, 만화가가 될까… 즐거운 상상의 나래를 펩니다. 하지만 '미래가 전도유망한가?' '평생 먹고살 수 있나?'라는 현실적인 질문 앞에서 많은 꿈이 생명력을 잃어버립니다.

하고 싶은 일은 있지만, 먹고살기 힘들 것 같아 주저하게 된다는 아이들에게 저는 말합니다.

"선생님은 철학과 나왔는데도 잘 먹고 잘 산다. 큰돈은 못 벌지만 학교에서 아이들을 만나는 기쁨이 너무 커서 다른 것은 생각할 시간도 없어. 그게 나는 참 행복해. 미래는 하나님만이 아신다. 인간으로서 우리가 해야 하는 것은 '내가 무엇을 해야 나답게 살 수 있는 것인가' 질문하고, 그 답을 따르는 용기를 마음에 품는 거야."

이태석 신부의 삶을 그린 다큐멘터리 영화 〈울지 마 톤즈〉의 포스터.

6장

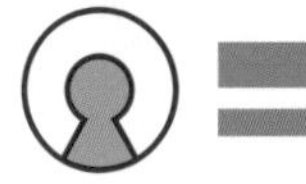

양심

마음의 나침반은 어디로 향할까?

인간은 어디까지 악해질 수 있는가

2023년 5월, 가짜 학부모 행세를 하는 한 사람이 과외중개 앱에서 중학생 딸을 위해 과외 교사를 구한다고 글을 올립니다. 그렇게 연결된 과외 교사의 집으로 딸을 보내겠다고 하고, 자신이 그 딸인 척 교복을 입은 후 교사의 집으로 들어갑니다. 얼마 후, 교사의 집에서 20대 여성이 나옵니다. 그는 자신의 집으로 가서 여행용 캐리어를 챙긴 후 교사의 집으로 다시 들어갑니다. 새벽 1시경에는 여행용 캐리어를 들고 밖으로 나와 택시를 타고 하차한 뒤, 인근 공원으로 가서 캐리어를 버리고 집으로 돌아갔습니다.

이 이야기는 2023년을 떠들썩하게 했던 정유정 살인 사건의 내용입니다. 정유정은 과외로 유인해 한 번도 본 적 없는 또래 여성을 잔인하게 살인한 후에 시체를 훼손해 유기했습니다. 그의 살인이 충격을 주는 것은 동기 때문입니다. 원한이 있는 것도 아니고 금전적인 이유도 아닙니다. 그저 살인을 해 보고 싶었다는 것이 이유였습니다.

이런 사건을 접할 때면 '인간은 어디까지 악해질 수 있는가'에 대한 두려움이 느껴집니다. 또한 과연 인간에게는 양심이라는 것이 존재하는지 생각하게 됩니다.

홉스가 본
폭력적이고 이기적인 인간

동양에서는 중국 전국시대의 사상가 순자와 맹자가 각각 성선설과 성악설을 주장하며 인간 본성에 관한 상반된 주장을 했습니다. 순자는 인간이 본성적으로 선하다고 봤고, 맹자는 그 반대라고 주장했습니다. 서양에서는 홉스와 루소가 인간 본성에 관한 상반된 주장을 내놓았습니다.

1642년, 영국은 내전의 불길에 휩싸였습니다. 철학자이자 법학자인 홉스는 혼란에 빠진 런던을 벗어나 시골로 향했습니다. 그는 전쟁의 참혹함을 직접 목격하며 인간 본성의 어두운 면에 두려움을 가졌습니다.

어느 날, 홉스는 한 마을에 도착했습니다. 마을은 이미 전쟁의 참화를 겪은 후였습니다. 집들은 불타고 거리는 시체로 뒤덮였습니다. 홉스는 살아남은 사람들에게서 그날 있었던 일을 들었습니다. 왕당파와 의회파 군대가 마을을 장악하기 위해 격렬한 전투를 벌였습니다. 전투가 끝난 후, 승리한 군대는 마을 사람들을 무자비하게 학살했습니다. 그들은 남녀노소 구별 없이 살인을 하고 집에 불을 질렀습니다. 홉스는 폐허를 보며 인간이 얼마나 잔인할 수 있는지 깨달았습니다.

홉스는 한 노파에게 다가가 이야기를 들었습니다. 노파는 전투 중에 남편과 두 아들이 군인들에게 어떻게 학살당했는지 생생하게 묘사했습니다. 홉스는 노파의 눈물과 절규를 보며 인간의 악한 본성에 대한 더

깊은 공포에 휩싸였습니다.

그는 마을을 떠나며 생각했습니다. 인간이 본질적으로 이기적이고 폭력적이며, 법과 질서 없이는 서로를 공격하고 파괴한다고 생각했고, 강력한 정부만이 인간의 폭력성을 억제하고 사회 질서를 유지할 수 있다고 생각했습니다.

위 글은 홉스가 인간의 본성을 폭력적이고 이기적이라고 느끼게 된 배경을 이야기 형식으로 재구성한 것입니다. 홉스가 살았던 17세기는 혼란의 시기였습니다. 그는 왕당파와 의회파의 내전과 30년 전쟁을 경험했습니다. 이를 통해 그는 인간 본성이 선하다고 생각할 수 없었습니다.

홉스의 대표적인 저서는《리바이어던(Leviathan)》입니다. 리바이어던이란 성경에 나오는 거대하고 무시무시한 동물인 '리워야단'의 영어식 발음입니다. 사악한 왕들의 상징으로 등장하기도 합니다. 홉스는 인간의 힘을 뛰어넘는 국가라는 거대한 대상을 이 괴물에 비유해 책의 제목을 지었습니다.

《리바이어던》의 내용은 다음과 같습니다. 혼란스러운 세상, 법도 질서도 없고 사람들은 끊임없이 서로 공격하고 싸우는 곳. 이곳에서 살아남기 위해서는 강한 사람이 되어야 합니다. 홉스는 이런 세상을 "모든 사람이 모든 사람과의 전쟁 상태"라고 불렀습니다. 이는 "만인에 대한 만인의 투쟁(The war of all against all)"이라는 문장으로도 널리 알려져 있습니다.

토머스 홉스는 종교 전쟁 뒤의 혼란을 목격하고, 모든 사람은 살아남기 위해 '만인에 대한 만인의 투쟁'을 한다고 생각했다.

그는 사람들이 본질적으로 이기적이고 폭력적이라서 법 없이는 서로를 공격하고 파괴한다고 주장했습니다. 하지만 사람들의 속마음은 이런 끔찍한 세상에서 벗어나고 싶어 합니다. 혼란은 결국 모두에게 불이익과 고통을 주기 때문입니다. 인간에게는 합리적으로 생각하는 이성이 남아 있기에, 서로 협약을 맺고 자신의 권리 일부를 포기해 강력한 정부를 만듭니다. 이것이 바로 리바이어던이라고 불리는 거대한 존재입니다.

리바이어던은 사람들로부터 양도받은 권리를 사용해 법과 질서를 제공하고, 외부로부터의 공격을 막는 역할을 합니다. 대중들은 자유를 넘겨주고 질서와 평화를 제공받습니다. 홉스는 리바이어던이라는 강력한 정부 없이는 사회가 유지될 수 없다고 주장했습니다.

홉스가 경험한 인간의 본성은 통제되지 않을 때 엄청난 악을 행하는 위험한 것입니다. 그래서 그는 강력한 힘에 의해 군중이 관리되어야 한다고 봤습니다. 하지만 집중된 권력은 더 큰 악이 될 수 있다는 사실을 간과한 것은 아닐까요? 물론 홉스도 이러한 위험에 대해서는 인지하고 있었으며, '사회 계약'의 테두리 안에서 정부가 권력을 사용해야 한다고 주장하기는 했습니다. 그러나 이것은 이상을 추구하는 것에 지나지 않습니다. 통제되지 않는 군중과 통제되지 않는 권력 모두 언제나 악으로 변질될 가능성이 있으니까요. 그렇다면 결국 인간의 본성은 악한 것일까요?

프랑스의 사상가이자 소설가 루소. 인간의 자유와 평등을 주장한 그의 사상은 프랑스 혁명과 민주주의 발전에 큰 영향을 주었다.

루소가 본 자유롭고 평화로운 인간

1712년 6월 28일, 스위스 제네바의 시계공 집안에서 태어난 루소는 어린 시절부터 자연과 예술에 깊은 애정을 키워 나갔습니다. 아름다운 호숫가를 거닐며 책 속 세상에 흠뻑 빠져 지냈으며 안정적이고 행복한 어린 시절을 보냈습니다. 하지만 9세가 되던 해 아버지를 잃고 삼촌의 보호 아래에서 자라는 아픔을 겪었습니다. 다소 엄격했던 삼촌의 양육 방식은 루소에게 맞지 않았습니다. 그는 답답함을 느꼈으며, 16세가 되자 고향을 떠나 작곡가가 되려고 했지만 문학과 철학의 길을 걷게 됩니다.

1749년, 루소는 파리로 이주해 새로운 삶을 시작합니다. 작가로서 꿈을 펼치며 기존 사회 질서에 대한 날카로운 비판을 던졌습니다. 그는 자신이 살고 있는 사회가 불평등하다고 생각했습니다. 자유와 평등한 사회를 위한 약속(사회계약)이 오히려 돈과 권력을 가진 계층의 이익을 대변하고 보호한다고 여겼습니다. 자연과 단절되고 도덕적으로 타락한 사회를 개혁해야 한다고 생각해, 《사회 계약론》《에밀》 등의 책을 썼고 이는 당시 사회에 큰 파장을 일으켰습니다.

그는 인간은 본래 자유롭고 평화로움을 추구하는 존재라고 생각했습니다. '자기 보존'의 욕구와 타인에 대한 '연민'의 정을 가지고 살아가는 선한 존재가 인간이라고 믿었습니다. 하지만 문명의 발달로 사람의 마음에 이기심과 허영심이 싹텄고, 토지가 사유화되면서 다툼이 벌어졌다고 여겼습니다. 그러나 제대로 된 교육과 좋은 제도만 있다면 인간은 다시 선한 마음을 회복하고 더 나은 세계를 만들 수 있다는 믿음을 가졌습니다.

홉스가 경험했던 전쟁의 참상과 인간의 악함만을 생각하면 인간의 본성은 악한 듯해 보입니다. 여전히 전쟁 중인 나라들이 있습니다. 이스라엘과 팔레스타인이 그렇고, 러시아와 우크라이나도 여전합니다. 우리나라 역시 분단국가이기에 전쟁의 불안은 있습니다.

긴 역사에서 보면 인간은 타인을 죽이고 자신의 이익을 위해서 살아가는 이기적이고 폭력적인 존재입니다. 하지만 루소의 말처럼 이러한 악은 잘못된 문명의 탓이지 인간의 본성은 선할지도 모릅니다. 좋은 제도 속에서 살고, 인간으로 살아가는 데 있어서 정말 주요한 가치가 무엇인지 아는 교육을 받는다면, 미래는 더 밝게 바뀔 수 있을지도 모릅니다.

마음속에서 벌어지는 선과 악의 싸움

만약 인간의 마음에 선함이 아예 없다면 '선과 악의 싸움'이라는 표현은 존재하지 않을 겁니다. 선의 내용은 시대마다 다를 수 있겠지만, 공동체의 삶에 유익을 주는 방향으로 이끄는 것일 테지요. 사람에게는 이러한 선함을 인지하는 능력이 있다고 생각합니다.

〈비스트 오브 노 네이션(Beast of No Nation)〉은 인간 안에 있는 선함이라는 빛이 어떻게 꺼져 가고 변질되는지 보여 주는 영화입니다. 1950년대 이후, 아프리카에서 일어난 내전은 20여 차례 이상입니다. 그중 나이지리아 내전은 100만 명의 사망자를 내기도 했습니다. 이 영화는 내전이 일어난 서아프리카를 배경으로 합니다. 주인

영화 〈비스트 오브 노 네이션〉에서 반군 사령관이 아구를 향해 말하는 장면.

공 '아구'는 부패한 정부군과 그에 반대하는 반군 사이의 완충지대(대립하는 지역 사이의 충돌을 완화하기 위해 설치한 곳)에서 가족의 사랑을 받고 자라는 천진난만하고 평범한 소년입니다.

어느 날 아구의 마을이 정부군에 의해 점령되고 할아버지, 아버지, 형이 총살을 당합니다. 아구는 숲으로 도망쳐 구사일생으로 목숨을 건지게 됩니다. 그는 숲속을 헤매다 반군을 만나게 됩니다. 반군은 아구를 붙잡아 신문을 했고, 가족이 정부군에 의해 처형당했다는 사실을 알게 되어 그를 반군의 소년병으로 편입시킵니다. 사실 반군의 군인들은 거의 소년병으로 이루어져 있었습니다. 어떤 아이들은 키가 작아 총을 들고 다니는 것이 어색할 정도였습니다. 아구 역시 마찬가지였습니다. 반군의 사령관은 아구와 같은 처지의 아이들 마음속에 있는 분노를 이용합니다.

"이 녀석은 내가 맡지. 전사로 키워 주겠다. 그래야 아버지를 죽인 원수들과 싸우지. 그러고 싶나? 그럼 대답을 해! 대답해라!"

사령관은 자신을 아구의 목숨을 살려준 은인이라고 말하며 아구의 마음에 복수심을 심습니다. 아구는 그의 명령에 따라 살인을 하며 전쟁을 수행합니다. 그러는 동안 그는 선한 마음의 빛을 점점 잃어 갑니다. 소년병들은 전쟁의 승리라는 명분 아래 무고한 사람까지 죽이고 재산을 빼앗습니다.

아구는 점점 괴물로 변해 갑니다. 순진했던 웃음은 어느새 비정하고 냉정한 눈빛으로 대체됩니다. 아마 먼저 죽은 가족들이 이런 그의 모습을 본다면 크게 슬퍼할 겁니다.

영화는 반군 사령관의 몰락과 아구의 회복으로 끝을 맺습니다. 아구와 소년병들은 정부군에 투항했으며 UN의 도움으로 회복 센터에서 지냅니다. 그곳에서 아이들은 적을 쫓는 대신 축구공을 차며 웃음을 되찾습니다. 하지만 그들이 겪었던 고통의 시간은 쉽게 사라지지 않습니다. 아구는 밤마다 자신이 죽인 사람들의 얼굴이 꿈에 나타나 잠을 이루지 못합니다.

만약 아구의 마음에 선한 양심이 없다면 그는 끝까지 모든 것을 정당화했을지도 모릅니다. 그는 어렸고 가족의 복수를 해야 했으며 생존을 위협받는 상황이었습니다. 누구도 쉽게 어린 그에게 일방적인 죄를 물을 수는 없을 겁니다. 하지만 양심은 아구의 마음에 가혹한 심판을 내렸습니다.

모험 소설 시리즈 《나니아 연대기》(시공주니어, 2005)의 저자 C.S. 루이스는 사람들의 말다툼 속에서 인간의 양심을 발견한다고 했습니다. 그는 사람들이 다툴 때 당연히 따라야 하는 어떤 법칙이 있는 것처럼 말한다는 것입니다. 예를 들면 "네가 사람이냐?" "누가 너한테 그렇게 하면 좋겠어?" "약속을 했으면 지켜야지" 등의 말입니다.

그는 이런 말을 하는 사람들은 한결같이 상대방의 행동이 어쩌다 보니 자기 마음에 들지 않더라는 식으로 말하지 않음을 지적했습니다. 사람들은 상대방도 당연히 알고 있으리라고 기대되는 행동 기준에 호소한다는 것입니다.

C.S. 루이스는 작가 겸 교수로 케임브리지 대학교에서 철학과 르네상스 문학을 가르쳤다.

하지만 인간의 양심이 선천적인 것이 아니라는 주장도 있습니다. 선한 행동이 학습되어 하나의 무의식을 형성한 것이며, '선'은 시대와 공간에 따라 다르다는 것입니다. 이에 대해 C.S. 루이스는 각 문명과 시대의 도덕 간에 차이가 있기는 하지만 그것은 전적인 차이라고 할 만한 것이 못 된다고 말합니다. 예를 들어 고대 이집트인, 바빌로니아인, 인도인, 중국인, 그리스인, 로마인의 도덕을 비교하면, 그것들이 아주 비슷할 뿐 아니라 지금 시대의 도덕과도 비슷하다는 것입니다.

이를 컴퓨터 프로그램에 비유해서 설명해 보겠습니다. 프로그래머는 어떤 명령어를 입력해서 복잡한 일을 해 내는 프로그램을 만들 수 있습니다. 하지만, 아무것도 없는 상태에서는 정말 아무것도 할 수 없습니다. 프로그램을 짜려면 최소한 '0'과 '1'을 인식하는 시스템이 존재해야 합니다. 0이 무엇을 의미하고, 1이 무엇을 의미하는지가 정해져야 프로그램을 만들 수 있습니다.

인간의 마음이 컴퓨터 프로그램 같다고 상상해 봅시다. 양심이 경험과 교육에 의해서 만들어진 것이라고 주장하더라도, 최소한 인간의 마음속에 '선한 것' '악한 것'이라는 기초적인 작동 원리가 없다면 경험도 교육도 불가능합니다.

더구나 인간의 마음에는 단순히 선한 것과 악한 것만을 넘어 좀 더 많은 내용이 담겨 있습니다. 이를 '인간의 본성' '자연법(인간 이성을 통해 발견한 자연적 정의 또는 자연적 질서를 사회 질서의 근본 원리로 생각하는 법)' '선험적' '선천적인'이라고 부릅니다.

가장 본질적이고 명백한 본성은 '다른 사람이 나를 좋게 대해 주기를 기대한다'는 것입니다. 누군가 나를 때리면 아픕니다. 그래서 다른 사람이 때리지 않았으면 좋겠습니다. 그리고 나 역시 타인을 때리고 싶지 않고요. 이처럼 사람은 자신이 당하고 싶지 않은 나쁜 일에 대해서는, 다른 사람도 마땅히 그러할 것이라는 '추론'을 할 수 있습니다. 이것도 학습에 의한 것이 아니며 선천적으로 가지고 있는 능력입니다.

선과 악이라는 기초적인 능력 위에 내가 어떤 대우를 받고 싶다는 내용이 합쳐지면 그것이 양심의 기본적인 내용이 됩니다. 윤리학에서 가장 중요하게 여겨지는 원리는 '황금률(Golden Rule)'입니다. 한마디로 남에게 대접을 받고자 하는 대로 남을 대접하라는 가르침입니다. 이는 성경에서 예수가 한 말이기도 합니다.

프랑스 대혁명 이후로 서양의 역사에서 '인간의 존엄성'이라는 말로 전해지는 것과 같은 의미입니다. 인간은 누구나 존엄한 존재이기에 다른 이들도 나를 존중하고, 나 역시 타인을 존중해야 한다는 것입니다.

착한 불꽃을 꺼뜨리지 않고 살기

앞서 언급한 영화 〈비스트 오브 노 네이션〉의 마지막 부분에서 아구는 에이미라는 교사와 마주 앉아 상담합니다. 에이미는 그동안 겪은 이야기를 들려 달라고 하지만 아구는 자신이 겪은 이야기를 쉽사리 하지 못합니다. 그간 저지른 일을 말하게 되면 선생님이 자신을 어떻게 생각할지 걱정이 됐기 때문입니다.

"나는 끔찍한 것을 보고 끔찍한 짓을 했어요. 그러니까 이야기하면 나도 슬퍼지고 선생님도 슬퍼져요. 이 삶에서는 행복하고 싶어요. 내가 이야기하면 선생님은 나를 짐승처럼 생각할 거예요. 아님 악마나…. 그런 짓들을 했지만 나는 엄마도 있었고, 아빠랑 형이랑 동생도 있었어요. 모두 나를 사랑했어요."

아구는 자신의 행동에 대해 깊은 죄책감을 느꼈습니다. 잘못된 일이라는 것을 깨달았기 때문입니다. 한 번 살인을 저지르고 나면 두 번째는 더 쉬워지는 법입니다. 살인을 하는 순간 자신이 인간으로서의 궤도에서 벗어나 절망의 상태에 빠졌다는 것을 경험하게 되고, 이제는 더 이상 예전의 상태로 돌아갈 수 없다고 생각하기 때문입니다. 죄인이 더 죄를 짓고, 그 죄가 그를 완전한 절망으로 인도하는 원리입니다.

도스토옙스키의 소설 《죄와 벌》의 주인공 '라스콜니코프'도 비슷한 모습을 잘 보여 줍니다. 그는 전당포 노파를 살해하기로 마음먹습니다. 노파는 가난한 자의 피를 빨아먹고 사는 벌레 같은 사람이었기 때문입니다. 라스콜니코프는 도끼를 들고 전당포로 찾아가 노파를 죽인 후 범죄 현장을 목격한 노파의 여동생도 함께 살해합니다. 철저한 죄인인 노파를 살해한 라스콜니코프는 살인 후 스스로를 자랑스럽게 여길 줄 알았습니다. 하지만 그에게 찾아온 것은 깊은 죄책감과 심적 혼란이었습니다. 라스콜니코프는 결국 깊은 절망에 빠져 자살 충동을 느낍니다. 죄가 죄를 낳고 결국 죽음을 낳는 원리입니다.

하지만 소설의 결말은 라스콜니코프가 새로운 삶을 향해 나아가는 구원으로 연결됩니다. 그는 자신의 죄를 뉘우치고 자수해 시베리아 유배지에서 강제 노동형을 선고받습니다. 몸은 구속되고 고통스러웠지만, 영혼은 자유를 얻어 홀가분했습니다.

그는 어떻게 이런 용기를 내 자수하고 영혼의 안식을 누릴 수 있었을까요? 그가 새로운 삶을 살 수 있도록 도와준 것은 연인 '소냐'였습니다. 라스콜니코프가 자수하도록 독려하고 끝까지 그를 버리지 않았습니다. 사랑의 힘으로 라스콜니코프는 다시 선해질 수 있다는 희망을 가지게 된 것입니다. 자신이 신이 되어 죄인을 심판하려다가 오히려 절망의 상태에 빠졌지만, 사랑으로 인해 신을 인정하고 구원의 길로 나아가게 됩니다.

사람에게는 반드시 선한 마음이 있습니다. 어려운 상황으로 인해 각자의 선함이 조금은 상할지도 모르지만, 서로서로 기대고 정직한 고백 속에서 사랑으로 안아 준다면 우리 안의 착한 불꽃은 절대 꺼지지 않을 겁니다.

7장

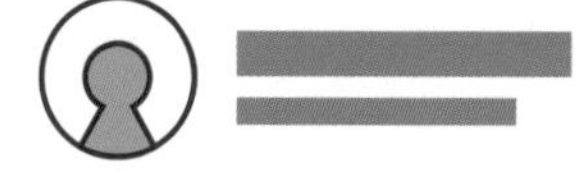

팔로워

아는 사람 말고 진짜 친구

소셜미디어의 그림자

2021년 8월, 중앙선거관리위원회에서 대학생 6명과 SNS 인플루언서가 참가한 가운데 'SNS에서 쌓은 인간관계는 긍정적일까?'라는 주제로 토론을 했습니다. 6명의 학생들은 두 팀으로 나누어 찬성과 반대 입장에서 각자 의견을 주고받았습니다.

찬성 측은 SNS가 평소 일상에서는 만날 수 없는 사람들을 만날 기회를 준다는 점이 장점이라고 했습니다. 반대 측은 '풍요 속의 빈곤'을 말했습니다. 한 학생은 SNS 친구가 수천 명인데도 '혼밥'을 하는 사람이 많고, 심지어 오프라인 모임 중에도 SNS 친구와 소통하느라 가까운 친구와의 관계가 깊어지지 못하는 부작용이 있다고 주장했습니다.

〈소셜 딜레마(The Social Dilemma)〉라는 다큐멘터리가 있습니다. (독자 여러분도 꼭 시청했으면 하는 내용으로 넷플릭스에서 볼 수 있습니다.) 구글, 애플, 메가, 인스타그램, 핀터레스트 등 SNS를 포함한 하이테크 기업에서 오랫동안 핵심적인 역할을 해 왔던 엔지니어들이 일종의 '심각한 경고'를 하는 내용입니다.

대학생과 10대 자녀를 둔 평범한 가정의 일상과 관련자들의 증언으로 구성되는데, 이야기는 이렇게 시작됩니다.

"거기 있을 때는 그게 선을 위한 힘이라고 느껴졌는데, 지금도 그런지는 모르겠어요."

다큐멘터리 영화 〈소셜 딜레마〉는 어떻게 소셜 미디어가 중독을 강화시키고 잘못된 정보를 퍼뜨리는지 보여 준다.

그들은 소셜 플랫폼이 사회에 긍정적인 영향을 주기도 했지만 그 뒷면에 엄청난 악영향이 존재하며, 심지어 이런 결과를 예상하지도 못했다고 합니다.

"아일라, 테이블 준비 좀 해 줄래?"

엄마는 11세 딸에게 저녁 준비를 도와 달라고 부탁합니다. 일반적으로 식사 시간에 자녀가 부모를 도와 상을 차리는 것은 가족으로서 의무이자 중요한 훈련입니다. 하지만 엄마의 요구에도 딸은 대답이 없습니다. 화면은 스마트폰을 잡고 소셜 플랫폼에 빠진 딸의 모습을 보여 줍니다. 엄마는 두 번이나 딸을 부르지만 끝내 무시당합니다. 딸을 가장 사랑하는 대상은 가족이지만, 딸은 그것을 간과하고 먼 곳에 있는 사람과의 연결에 공을 들입니다.

이런 딸의 행동을 두고 가족들은 "왜 어린애한테 스마트폰을 사줬느냐" "다른 아이들도 다 있는데 어떻게 안 사주겠느냐. 잘 통제해서 쓰도록 하면 된다" "통제할 수 있는 문제가 아니다"라는 익숙한 논쟁을 벌입니다. 그러다 큰딸이 다음과 같이 말합니다.

"지금의 세상은 내가 원하지 않아도 늘 연결되어 있다. 심지어 진짜 연결도 아니지만."

소셜 네트워크에서의 연결은 얼마나 진정성을 가지고 있을까요? 그 만남은 오프라인에서의 만남과 같은 힘을 가지고 있을까요? 2024년 국립중앙의료원과 중앙응급의료센터가 낸 보고서에 따르면, 자해와 자살을 시도한 10대는 2018년 인구 10만 명당 95건에서 2023년 160건으로, 5년 사이에 68% 급증했습니다. 소셜 네트워크에서의 연결이 진정한 위로를 준다면, 고립감을 느끼며 극단적인 선택을 하는 수치는 감소해야 하지 않을까요?

물론 팔로워와 친구는 비슷하지만 다를 수도 있습니다. 단순한 구독일 수도 있고, 거기에서 시작하지만 진정한 교류를 하는 단계로 발전할 수도 있겠지요. 하지만 모든 팔로워가 친구가 아닌 것은 사실입니다.

우리에게는 더 많은 아이콘택트가 필요하다

친구란, 가깝게 오래 사귄 사람을 뜻합니다. 저는 여기에서 '오래'라는 단어가 눈에 들어옵니다. 신학기가 되면 아이들은 새로운 친구를 만나게 됩니다. 그렇게 관계망을 형성하고 그 안에서 기쁨과 안정감을 얻기 위해 에너지를 씁니다. 처음 몇 주 동안은 좋은 모습을 보여 주기 위해서 노력합니다. 친절하고 잘 웃고 양보하고, 먹을 것도 나눠 주면서 온갖 선심을 베풉니다. 그러고 나면 친한 그룹이 형성됩니다. 여기까지는 안정감을 갖는 허니문 단계입니다. 곧 갈등과 불편함의 시간으로 넘어갑니다. 가까이 지내고 많은 시간을 함께 보낼수록 각자가 가진 차이 때문에 어려움이 생깁니다. 이때 정직하게 힘든 것을 말하고 양보하고 포용하며, 갈등을 해결하는 능력이 필요합니다. 이런 과정이 있어야 진정한 친구가 됩니다.

즉 갈등과 다툼, 오해와 포기 등이 숙성되는 시간이 필요하고, 그 시간을 통과한 이후에 '서로에 대한 진정한 이해와 받아들임'이라는 단계에 도달해, 친구라는 말을 쓸 수 있는 사이가 됩니다.

부부도 마찬가지로 세상 모든 깊은 관계란 서로의 껍데기를 뚫고 들어가는 고통의 시간이 필수입니다. 반드시 그 과정을 지나야만 진정한 친밀감을 경험할 수 있습니다. 독자 여러분 중에도 친구와 다투고 화해한 후에 더 깊은 우정을 느낀 경험이 있을 겁니다. 다투는 과정에서 서로 좋지 않은 모습을 보이지만, 그것을 수용하고 다시 친구가 되기를 소망하는 마음을 확인할 수 있기 때문입니다. 용서하거나 용서받는다는 것은 신뢰를 만들어 줍니다.

그렇다면 온라인 팔로워와의 관계는 어떨까요? 같은 관심사를 가졌다면 서로 유대감을 가질 수는 있습니다. 그러나 갈등과 고통을 넘어서는 숙성의 단계로 가는 경우는 흔하지 않습니다. 마음에 들지 않으면 팔로잉을 해지하거나 차단하는 방법이 있으니까요. 현실의 인간관계로도 충분히 피로한 상태라면, 온라인에서까지 그런 고통을 마주하고 싶지 않을 겁니다.

그래서 내 주변의 친구보다 온라인 팔로워에 더 많은 시간을 할애하는 사람들을 보면 아쉬움이 큽니다. 카페에서 친구들과 모여도 서로의 얼굴을 보며 대화하지 않고, 스마트폰으로 다른 친구와 소통하는 것은 참으로 비효율적입니다. 우리는 더 많은 아이콘택트(Eye Contact, 상대방과 눈을 마주 바라보는 일)를 해야 합니다.

세르비아 출신의 행위 예술가 마리나 아브라모비치의 〈The Artist is Present〉라는 작품이 있습니다. 작가는 6시간 동안 전시관 안 넓은 공간의 한가운데 앉아 있습니다. 관람객은 자연스럽게 작가의 맞은편 1m 정도 떨어진 의자에 앉습니다. 그때까지 작가는 눈을 감고 있다가 관람객이 앉은 후에 눈을 떠서 바라봅니다. 아브라모비치와 관람객은 아무 말도 하지 않은 채 그저 서로의 눈을 가만히 바라봅니다.

침묵만이 흐릅니다. 두 사람은 아무 말도 하지 않지만 서로의 눈을 통해서 말보다 더 많은 소통을 한 듯한 경험을 합니다. 신비로운 체험입니다. 마치 우주로 빨려 들어가는 듯한 이 시간이 바로 진짜 만남입니다.

행위 예술가 마리나 아브라모비치의 작품 〈The Artist is Present〉.

작품 중 가장 유명한 장면은 아브라모비치의 과거 연인인 울라이가 왔을 때입니다. 작가는 사랑했던 연인의 눈을 보며 알 수 없는 눈물을 하염없이 흘립니다. 역시 아무 말도 하지 않지만 미안함, 너는 여전히 사랑스러운 존재라는 격려, 더 나은 사랑을 하자는 다짐 등이 그들의 눈빛에서 흘러나오는 것을 느낄 수 있습니다.

온라인에서는 이런 깊은 소통을 하기 어렵습니다. 서로의 눈빛을 통해 내면을 파고드는 깊은 울림이 부족합니다. 그렇기에 온라인의 관계는 오프라인에서의 관계를 대체할 수 없습니다.

마르틴 부버의 '나-너'

1978년 오스트리아 빈에서 태어난 마르틴 부버는 20세기 가장 위대한 사상가 중 하나로 손꼽히는 인물입니다. 1923년에 쓴 《나와 너》(대한기독교서회, 2020)는 세계적인 교양서로 그가 현대의 정신계에서 가장 창조적인 영향력을 행사한 거장임을 알 수 있는 책입니다.

이 책은 단순히 관계에 대한 내용이 아니라 인간 본질에 대한 통찰을 담았습니다. 철학적 존재론의 근간을 흔들며, 인간이 다른 인간과 어떠한 관계를 맺는지에 따라 전혀 다른 존재가 된다는 것을 말합니다.

예를 들어, '개를 먹는 것은 괜찮은가?'라는 이슈를 볼 때 일반적

으로 개가 통증을 느끼는가? 개는 지능이 높은가? 개는 사람의 친구인가? 등 개를 어떤 존재로 규정하느냐에 따라 의견이 달라질 수 있습니다. 하지만 여기에서 정작 중요한 것은 개가 아니라 인간입니다. 개를 대하는 인간의 마음이 어떠한가? 그러한 행위가 인간의 존엄한 본성을 해치는가? 개를 먹는 것은 현대 인간으로서 적합한가? 등의 질문이 더 중요할 수 있습니다.

영화 〈늑대와 춤을〉에는 인디언들이 버펄로를 사냥하는 장면이 나옵니다. 부족의 젊은이들이 힘을 합쳐 버펄로를 사냥해 쓰러트립니다. 화살에 맞아 피를 흘리며 누워 있는 버펄로에게 부족의 대표가 다가가 감사와 미안함의 기도를 올립니다. 그리고 조용하고 경건하게 생명을 빼앗습니다. 이 장면은 거룩한 제사 의식처럼 보입니다. 이는 재미를 위한 사냥과 다릅니다. 인간이 생명을 이어나가기 위한 필연적 행위니까요.

보양식으로 개를 먹는 것과 마찬가지로 동물의 생명을 빼앗는 행위이지만, 이를 대하는 사람의 마음과 태도에 따라 그 행위는 전혀 다르게 평가됩니다.

마르틴 부버는《나와 너》의 첫 장에서 다음과 같이 말합니다.

> "사람에게 세계는 두 겹이다. 세계를 맞이하는 사람의 몸가짐이 두 겹이기 때문이다. 사람의 몸가짐은 그가 말할 수 있는 근원어가 둘임과 발맞춰 두 겹이다. 근원어는 홀로 있는 낱말이 아닌 어울려 있는 낱말이다.
>
> 근원어의 하나는 복합어인 '나-너'이다. 또 하나는 '나-그것'이다. 이 경우에는 '그것'의 자리에 '그'나 '그녀'를 넣어도 의미는 변하지 않는다. 이와 같이 근원어가 둘일 때에는 사람의 '나'도 두 겹일 수밖에 없다.
>
> 왜냐하면 근원어 '나-너'에서 '나'와 근원어 '나-그것'의 '나'는 서로 그 속셈을 달리하기 때문이다."

여기서 말하는 '두 겹'은 '두 가지 차원'이라고 설명해도 좋을 듯

사상가이자 종교 철학자인 마르틴 부버.

합니다. 쉽게 설명하자면 한 사람이 두 문 사이에 서 있습니다. 오른쪽 문은 '나-너'의 문이고 왼쪽 문은 '나-그것'의 문입니다. 내 앞에 있는 누군가를 '살아 있는 생명으로서 존중'하는 마음을 가진 사람에게는 오른쪽에 있는 '나-너'의 문이 열립니다. 그 문으로 들어가면 '나'역시 하나의 생명으로 존중을 받고, '너'와 온 인격으로 소통할 수 있습니다. 그곳은 하나의 세계입니다.

반면 내 앞에 있는 누군가를 '수단'으로 취급하는 마음을 가진 사람에게는 왼쪽 문이 열립니다. 그 문은 빛이 없는 어둠의 방으로 인도됩니다. 살아 움직이는 어떠한 것도 없기에 내 마음대로 할 수 있지만, 누군가와 소통하는 기쁨은 없습니다. 이곳은 또 다른 하나의 세계입니다.

부버는 또한 "근원어 '나-너'는 존재 전체를 바쳐서만 말할 수 있다. 그러나 근원어 '나-그것'은 존재 전체를 바쳐서 말할 수 없다"고 했습니다. 존재 전체를 바쳐서 말한다는 것은 '나를 드러내 모든 것을 보여 주기로 작정'하는 것입니다. 바위 뒤에 숨어 나를 가린 채 대상을 몰래 훔쳐보는 것이 아니라, 나를 투명하게 드러내 보여 주

영화 〈아바타〉에 등장하는 외계 종족인 나비족. 고등 지성체이다.

고 또한 상대방의 모든 것을 받아들이기로 한 사람만이 '나-너'를 말할 수 있습니다.

영화 〈아바타(Avatar)〉에서 유명한 대사가 있습니다. 나비족이 서로에게 하는 인사인 "I See You"입니다. 우리 말로는 "나는 당신을 봅니다"라는 뜻입니다. 한 사람이 다른 사람의 심장에 손을 대고 "I See You"라고 말하면, 다른 이도 똑같이 말합니다. 이는 나의 모든 것을 걸고 당신을 받아들인다는 의미입니다.

이 인사가 바로 부버가 말하는 '나-너'인 것입니다. 반면 영화 속에서 나비족과 적대적인 인간들은 행성을 정복하고 갈취하고 이용하려고만 합니다. 여기서 인간들은 나비족과 그 행성을 자신들의 욕구를 채우는 도구로만 생각하기에 '나-그것'을 말합니다. 그들에게 나비족의 삶과 터전은 그저 자원을 위한 대상일 뿐입니다.

온라인상에서의 관계는 어떠한가요? 인스타그램의 친구들은 '나-너'의 언어를 말하나요? 아니면 '나-그것'의 언어를 말하나요? 딱 잘라 말하기는 어렵지만 자신의 모든 것을 드러내지 않고, 부분만을 드러낸다는 점에서 '나-너'의 언어를 말하는 것 같지는 않습니다.

소셜 미디어에 포스팅한 수많은 사진들은 나의 '부분'을 말할 뿐, 나의 모든 것을 말하지 않습니다. 그러한 부분에 환호하며 나를 추종하는 사람들에게 나의 어두운 면은 존재하지 않는 것과 같습니다.

부버는 사회생활을 두 가지 측면에서 말합니다. 하나는 "공동체 생활"입니다. 이것은 '나-너'의 관계로부터 쌓아 올려진 것으로, 서로가 서로에게 책임을 가지고 나아가는 관계입니다.

다른 하나는 "집단생활"입니다. 이 관계는 서로가 서로의 '필요'에 의해서 뭉쳐 있기는 하지만, 필요가 사라지면 신기루처럼 허상이 되는 '나-그것'의 관계입니다. 부버는 집단생활을 "인간적 관계를 상실한 근대인의 상태를 잘 보여 주는 것"이라고 했습니다.

어쩌면 거대한 소셜 네트워크는 하나의 '집단'이 아닐까요?

미지의 사람에게 갖는 선의

C.S. 루이스의 또 다른 책 《스크루테이프의 편지》(홍성사, 2018)

는 악마 스크루테이프가 조카 악마 웜우드에게 어떻게 전략적으로 인간의 영혼을 빼앗을 것인가에 대한 조언을 담은 31통의 편지입니다. 여기에는 '매일 만나는 이웃에게는 악의를 품게 하면서, 멀리 떨어져 있는 미지의 사람에게는 선의를 갖게 하라. 그러면 악의는 실제가 되고 선의는 상상의 차원에 머무른다'는 내용이 담겨 있습니다.

즉, 주변에 있는 사람에 대해서는 무관심, 미움, 분노 등의 악의를 유지하고, 멀리 있는 사람에게는 공감, 동정, 칭찬, 격려 등의 선의를 갖도록 하라는 것입니다. 그렇게 해야 스스로 어떤 사람인지 알지 못한 채 영혼을 빼앗기게 된다는 의미입니다.

저는 20대에 이 책을 읽고는 '딱 나구나' 생각했습니다. 그 당시 아프리카의 기아에 대해서 관심을 가지고 마음 아파하면서, 그곳에 가서 그들을 도울 기회를 찾고 있었습니다. 하지만 정작 가족과 가까운 사람들에게는 그런 애정을 갖지 못했습니다.《스크루테이프의 편지》를 읽으면서 지금의 막연한 선의는 그저 머릿속에만 있는 것이며, 나의 본 모습은 현재 나의 모습 밖으로 1mm도 벗어날 수 없다는 사실을 깨달았습니다.

매일 만나는 부모, 형제, 주변 사람들을 선한 마음으로 대하지 못하는 내가, 멀리 있는 아프리카 사람들을 선의로 대한다는 것은 그저 바람이지 현실이 될 수 없었습니다. 처음에야 새로운 환경에 대한 신기함으로 좋은 관계를 유지할 수 있겠지만, 결국에는 돌고 돌아 사람은 현재의 자신이 평소에 주변을 대할 때의 모습으로 돌아오게 되어 있습니다.

시간이 흘러 30대 중반에 아프리카 우간다에 봉사를 하러 갈 일이 있었는데, 그토록 사랑하고 싶었던 그들에게서 내가 가장 싫어하는 사람의 모습을 발견하게 되었습니다.

한 초등학교에서 봉사단 베이스캠프를 마련하고 지낼 때였습니다. 밤이 되면 외국인을 노리는 강도가 있기 때문에 지역 경찰들이 봉사단을 지켜 주었습니다. 그날에는 2명의 경찰이 배치돼 경호를 한다고 들었는데, 밤에 보니 4~5명의 경찰이 주변을 지켰습니다. 이상하다고 생각은 했지만 다다익선이라 여기고 잠이 들었습니다.

다음날, 경찰들이 밤샘 수당을 달라고 왔습니다. 국가 공무원이 민간인에게 수당을 달라고 하는 것이 이상했지만 '아프리카에서는 그런가 보다' 생각하려고 했습니다. 그런데 자세히 보니 그들 중 몇 명은 경찰이 아닌 듯했습니다. 총은 나무로 만든 것이고 경찰복도 어딘가 어색한 데다가 입에서는 술 냄새가 났습니다. 알고 보니 이들은 경찰이 아니라 인근 동네 주민들로 돈을 벌 목적으로 신분을 위장한 것이었습니다.

이 외에도 봉사단의 선의를 개인적으로 이용하려는 일은 몇 번이고 일어났습니다. 공포감을 느껴 경찰을 동원해야 할 때도 있었습니다. 몸과 마음은 너무나도 지쳤고, 그 순간 미움이 생겨났습니다.

먼 곳에 있을 때는 사랑할 수 있을 것 같았던 사람들이었지만,

결국 나 자신이 그런 존재가 아니었기에 그들을 충분히 사랑할 수 없었습니다. 돌아보면 그들의 절박함이 보입니다. 열악한 상황에 처했기에 수단과 방법을 가리지 않고 자신의 이익을 위해 아우성을 쳤던 것일 테지요. 그 모습은 비난할 수 없습니다.

과거의 제 모습처럼, 제대로 알지 못하는 온라인 공간 속 팔로워와 가까워지고 싶어 하면서, 정작 삶에서 가장 소중한 사람들에게는 야박하게 굴고 있지는 않을까요? 가족과 친구의 눈을 보고 안부를 묻기보다는, 소셜 네트워크의 '좋아요'와 '피드'에만 매여 있는 것은 아닐까요?

멀리 있는 누군가가 아니라 단 한 명이라도 나와 가까운 곳에 있는 사람과 진정한 관계를 맺는 것이 필요합니다. 서로의 차이와 그림자까지 받아들이는 연습을 피하기만 한다면, 어쩌면 가장 풍성한 관계의 기쁨을 맛보는 기회를 잃어 버릴지도 모릅니다.

8장

불안

나만 빼고 다들 괜찮아 보여

자꾸만 벽이 느껴지는 현실

학교 도서관에서 우연히 책 한 권을 발견했습니다. '진로를 정하지 못한 것이 비정상인지' 묻는 제목이었습니다. '요즘은 아이가 어릴 때부터 하도 꿈을 강조하다 보니, 이제는 진로를 정하지 못한 경우가 비정상이라고 불리는 지경인가' 하는 생각이 들었습니다.

제가 근무하는 학교는 설립자가 꿈을 강조해서 '꿈의학교'라는 이름을 갖게 되었습니다. 꿈의학교의 독특한 문화 중에 하나는 '꿈이름' 입니다. 진짜 이름 외에 자신이 되고 싶은 사람이나 성품 등을 담아 짓는데, 예를 들면 '차분한' '강인한' '빛나는' 등입니다. 꿈이름 외에도 학교에서는 매년 훌륭한 분들을 모셔 강연을 듣고 질문하는 교육 프로그램이 있습니다. 업계에서 유명한 분들이나 전문성을 가진 학부모님들을 모셔서 학생들이 앞으로 어떤 직업을 가지고 살아갈지 돕는 내용입니다. 이처럼 학교에서는 다양한 방식으로 아이들이 꿈을 가질 수 있도록 돕고 있고, 실제로 많은 아이들이 도움을 받습니다. 그럼에도 불구하고 고2, 고3이 되어도 무엇을 해야 할지 마음을 정하지 못한 학생들이 많고, 진로를 정하는 것을 어렵게 느낍니다.

저는 1990년대에 대학을 입학했는데, 저보다 선배인 1980년대 학번들, 즉 현재 50대 후반들은 대학 졸업 후 스펙이나 성적에 상관없이 직장을 골라서 갔다고 합니다. 물론 그 시절 모든 사람에게 해

당되는 이야기는 아니겠지만, 확실한 것은 지금보다 취업이 쉬웠음은 분명합니다.

당시는 출신 학교와 학점이 주요했다면, 현재는 학교, 학점, 영어 성적, 공모전 경력, 해외 경험, 인적성 검사, 인턴 경험, 자원봉사 등 더 다양한 영역에서 경쟁력을 갖춰야 지원서라도 쓸 수 있는 상황입니다.

취준생인 제자들을 만나 "요즘 어떻게 지내냐"는 평범한 질문에, 제자는 민망해 하며 "열심히 취업 준비하고 있습니다"라고 말합니다. 괜히 쓸데없는 질문을 했다는 자괴감과 함께 아이들에게 다시는 이런 식의 안부 인사는 하지 말아야겠다고 다짐했습니다. 안 그래도 가족이나 취업한 또래들로부터 압박감을 느끼고 있을 테니까요.

2022년, 재단법인 청년재단이 '2030 청년들의 불안과 우울감, 번아웃' 지수를 확인하는 설문 조사를 실시했습니다. '최근 1년간 불안감을 느낀 적이 있느냐'는 질문에 응답자 5,425명 중 91.5%인 4,963명이 '있다'고 답했습니다. 그 이유는 '취업과 결혼 등 불확실한 미래'가 58.5%로 가장 많았고, '경제적 문제'가 21.4%로 뒤를 이었습니다.

드라마 〈살인자ㅇ난감〉은 우연히 살인을 저지른 주인공의 이야기지만, 그가 편의점에서 아르바이트를 하며 각종 갑질을 견디고, 취업을 준비하는 모습 또한 인상깊습니다. 직장인들에게 큰 인기를 얻었던 드라마 〈미생〉은 평생 바둑만 하다 부족한 스펙으로 인턴 생활을 시작하게 된 청년이 겪는 거대한 차별을 다룹니다.

제목이 이색적인 드라마 〈정신병동에도 아침이 와요〉는 정신건강의학과로 처음 오게 된 간호사 주인공이 그곳에서 마주한 현대인의 다양한 정신 질환을 소재로 합니다. 이 드라마에는 여러 인물들이 등장합니다. 고3 수험생, 상사에게 시달리는 직장인, 일과 가정을 모두 지켜야 하는 워킹맘, 공시생 등이 등장합니다. 공시생의 경우 대학 졸업 후 노량진에서 오랫동안 공무원 시험에 도전했지만, 번번이 실패하다 게임에 중독되어 게임을 현실로 여기고 현실을 가상으로 치부하는 망상 장애를 겪습니다. 자꾸만 벽을 느끼게 하는 현실보다 원하는 것을 마음껏 할 수 있는 게임이 차라리 현실이면 좋겠다는 강렬한 바람 때문입니다. 결국 공시생은 스스로 목숨을 끊습니다. 이러한 고통이 단순히 드라마 속 이야기만은 아니라는 것을 알기에 가슴이 먹먹했습니다.

지독한 현실주의자 쇼펜하우어

요즘 청년들이 상대적으로 더 불안한 시대를 살고 있다는 점은 틀림없습니다. 하지만 이렇게 질문한다면 어떨까요?

현실주의자 쇼펜하우어.

"인간이 불안하지 않았던 적이 있을까?"

삶에 대해 비관적인 생각을 가진 것으로 유명한 철학자 쇼펜하우어는 "이 세상은 악마의 작품"이라고 했습니다. 악마가 고통에 일그러진 사람들을 보며 기뻐하기 위해 생명체들을 만들었다는 뜻입니다.

쇼펜하우어는 1788년 독일에서 태어났습니다. 어렸을 때 아버지가 일찍 돌아가셨지만 큰 재산을 물려받아 재정적으로 어려움을 겪지는 않았습니다. 어머니는 문학가로서 아버지가 돌아가신 이후에도 왕성한 활동을 했으나, 어린 쇼펜하우어를 키우는 일에는 별 관심을 보이지 않았습니다. 그렇게 보면 그의 어린 시절에는 나름대로 심적 어려움이 있었을 겁니다. 하지만 이것만으로 그가 보았던 냉담한 세상을 설명하기에는 부족합니다.

세간에서는 그를 "염세주의 철학자"라고 부르지만, 저는 그가 지독한 리얼리스트(Realist, 현실주의자)였다고 생각합니다.

의외로 사람들은 진실을 알기보다 은폐를 선호합니다. 언뜻 동의가 안 될 수도 있습니다. 일반적으로 인간은 진실을 원한다고 생각하기 때문입니다. 하지만 조건에 따라 다릅니다. 어떠한 진실이 드러나는 것이 자신에게 이익이 되면 선호하지만, 괜한 것이 밝혀져 불이익과 고통이 다가온다면 진실은 불편할 뿐입니다.

또한 감당할 수 없는 진실은 더 많이 외면당합니다. 대표적인 예가 지구온난화 현상입니다. 처음 지구온난화의 실상을 알았을 때 반드시 해결해야 한다고 생각했고, 작은 도움이라도 보태고 싶은 마음이 컸습니다. 하지만 그리 간단한 문제가 아니라는 것을 알게 되었습니다.

지구온난화와 관련해 선진국과 개발도상국은 입장이 다릅니다. 지난 100년 동안 가장 많은 이산화탄소를 배출해 지금의 위기를 일으킨 당사자들은 현재의 선진국들입니다. 세계의 경제가 '석유' 기반이기 때문에 경제 발전은 곧 이산화탄소 배출이 됩니다. 석유를 사용해 활발한 경제활동으로 부가가치를 만드는 과정에서 이산화탄소는 반드시 배출됩니다. 산업화 이후 최근까지의 이산화탄소 누적배출량(1750~2020년)을 보면 미국이 24.6%를 차지해 1위, 유럽연합이 17.1%의 2위입니다. 최근에는 중국이 1위 국가가 되었습니다. 언뜻 생각하면 지구온난화 문제를 해결하기 위해서 이 나라들이 주축이 되어 전 세계가 합의를 이루면 될 것 같습니다. 그러나 경제와 자본의 문제는 그렇게 간단하지 않습니다.

애플의 주요 하드웨어 제품에는 "Designed by California"라는 문구가 새겨져 있습니다. 해당 제품을 본사가 있는 캘리포니아에서 디자인했다는 의미인데, 그렇다면 'Made by'는 어디일까요? 애플 대표 상품 아이폰은 대만에서 제조합니다. 디자인만 미국에서 하는 겁니다. 이러한 상황이라면 아이폰을 만들기 위한 이산화탄소 역시 미국이 아닌 대만에 배출됩니다. 하지만 과연 이 책임을 대만이 져야 할까요?

이를 전체 산업으로 확대하면 구글, 엔비디아, 메타 등 저탄소 부가가치 기업들은 대부분 미국과 유럽에 회사가 있고, 수많은 제조공장들은 그 외 국가에 있음을 알 수 있습니다. 때문에 이 선진국들 입장에서는 세계 경제가 친환경 에너지 중심이 된다 해도 상대적으로 자신들의 산업에 큰 영향을 미치지 않습니다. 즉, 디자인만 하는 애플 입장에서는 크게 달라질 것이 없지만, 직접 제품을 만드는 대만에서는 공장의 모든 시스템을 바꿔야 하고, 이를 위해 큰 투

자를 감행해야 합니다.

상황이 이렇기 때문에 선진국이 중국에게 탄소 배출을 줄이라고 압력을 가해도 중국 입장에서는 쉽게 받아들일 수 없는 것입니다.

지구온난화와 관련한 이 복잡한 이슈를 알게 된 이후 저에게는 '나 하나 노력한다고 바꿀 수 있는 문제가 아니구나'라는 절망감이 찾아왔습니다. 그리고 그 이후로 관련 뉴스가 나오면 저도 모르게 피하고는 했습니다. 분리수거를 할 때도 까다로운 쓰레기가 나오면 '그래도 이거라도 잘 배출해서 버리자'라는 마음과 '나 혼자 이런다고 뭐가 달라질까?'라는 마음이 충돌합니다.

그러던 어느 날, 유튜브에서 지구온난화가 인간이 만들어 낸 인재가 아닌 주기적으로 발생하는 자연스러운 자연의 과정이라는 주장을 접하게 되었습니다. 일명 '기후 음모론'인데 현재 발생하는 온난화의 원인이 인간이 아니라, 과거부터 특정 시점이 되면 발생하는 자연적 과정이라는 것입니다. 이들은 과거에도 지금과 같은 지구온난화가 주기적으로 일어났는데, 가장 최근의 온난화가 AD 900~1300년 사이 일어났고, 약 1~2℃의 온도 상승이 있었다고 주장합니다.

저는 이 영상이 신빙성 있게 다가오면서 믿고 싶은 마음이 생겼습니다. 제 마음의 죄책감을 없애 줄 수 있는 내용이었기 때문입니다. 그러나 아쉽게도 이 주장은 그다지 믿을 만한 것이 아니었습니다. 과거에도 지구온난화가 있었던 것은 사실이지만, 지금과 같은 급격한 상승은 유례가 없다는 것이 과학계 일반의 생각입니다. 하지만 여전히 이 음모론은 많은 이들에게 받아들여지고 있습니다. 이러한 현상은 일상의 절망과 불편함 또는 자신의 이익이 침해되는 상황에 대한 반감 때문에 일어나는 것이리라 생각합니다.

이처럼 사람은 진실을 원하지만, 이익을 버리면서까지 원하지는 않습니다. 물론 별다른 이익이 없는 것이라면 진실이 드러나기를 바랍니다. 즉, 인간은 본성적으로 진실을 원하지만, 자신의 이익과 충돌될 때 갈등합니다.

염세라는 말은, 싫어할 염(厭), 세상 세(世)를 써서 세계나 인생을 불행하고 비참한 것으로 비관하는 것을 말합니다. 염세주의 철학자 쇼펜하우어는, 즉 세상을 비관적으로 바라봤다는 뜻입니다.

쇼펜하우어가 살아 있을 때 유명했던 철학자는 헤겔입니다. 헤겔은 1770년에 태어나 쇼펜하우어와 비슷한 또래였지만 그들의 삶은 달랐습니다. 헤겔은 세계가 합리적 이성을 통해 점점 더 발전할 것이라는 역사철학을 가르치며 학계와 대중에게 큰 영향력을 행사했습니다. 이는 18세기 미래를 긍정적으로 바라보던 계몽주의 시대 유럽인들의 사고방식에 어울리는 철학이었습니다.

헤겔에 의하면 세계는 거대한 정신(신)의 활동이고, 그 정신은 세계를 올바른 곳으로 인도한다고 했습니다. 현실적으로 보기에 불합리해 보이는 것도 사실은 역사가 더 나은 방향으로 발전하기 위한 변증법적 과정에 불과한 것입니다. 인류의 역사는 지속적으로 발전해 나갈 것이라는 헤겔의 철학은, 과학과 기술에 힘입어 발전해 가는 유럽인들에게 큰 희망을 주었습니다. 역사는 발전하고 자유는 더 많아지며, 풍요로운 세상이 기다리고 있다는 기대감을 주었습니다. 하지만 이런 분위기에 "No!"를 외친 사람이 있으니 그가 바로 쇼펜하우어입니다.

상상해 보세요. 월드컵 축구 멤버가 어느 때보다 훌륭해서 '분명 4강에 갈 수 있겠구나'라고 온 국민이 생각하고 있고, 언론이나 전문가들도 충분하다고 근거를 제시하며 온 나라가 희망 에너지로 가득 차 있는 상황입니다. 이런 분위기에서 "꼭 그런 것만은 아니다. 우리 대표팀이 4강에 가는 것은 쉽지 않다"고 말하며 냉정한 현실을 인식시키려는 사람을 뭐라 부르겠습니까? 비관론자일까요, 현실주의자일까요?

그가 진실된 현실주의자라고 하더라도 사람들은 그를 비관론자라고 부를 것입니다. 왜냐하면 이는 대중의 희망(욕망)을 역행하기 때문입니다. 사람은 어느 순간이든 희망을 가지고 싶습니다. 설령 그것이 거짓이라 할지라도 말입니다. 그러므로 희망을 원하는 대중과 싸우는 사람은 대체로 고통스러운 대가를 치르게 됩니다. 저는 쇼펜하우어가 사실은 현실주의자였지만, 대중의 기대와 어긋나 있었기 때문에 염세주의자가 되었다고 생각합니다.

헤겔은 인간의 역사는 '절대정신의 자기실현'이라고 생각했습니다. 인간의 시간과 공간에서 벌어지는 일들이 역사의 행위(몸)라면 그 행위를 하게 하는 정신이 절대정신이고, 정신은 스스로 목적과 의지를 가지고 시공간 안에서 어떤 일들을 만들어 가는데 그것이 바로 역사라는 것입니다.

어렵고 난해한 철학 사상을 가진 것으로 유명한 헤겔.

예를 들어, 공부를 하다가 배가 고픕니다. '조금 더 공부를 할까 아니면 일어나서 커피와 빵을 먹으러 갈까' 생각합니다. 결론적으로 30분 더 공부한 후에

커피와 빵을 먹으러 갔습니다. 여기에서 정신은 공부를 할까, 먹으러 갈까를 생각하다 어떤 행위를 하기로 결정하는데, 정신의 '생각'이 '행위'로 실현되면 그것이 하나의 '사건'이 됩니다. 그런 사건과 사건이 연결되면 '인생'이 되는 것입니다. 헤겔의 관점으로 보면 '공부를 할까, 먹으러 갈까'를 고민하는 정신이 '절대정신'이고, 빵을 먹으러 가는 행위는 '역사'가 되는 것입니다.

반면 쇼펜하우어는 세계는 어떠한 목적과 의미도 없으며, 절대정신은 존재하지 않는다고 생각했습니다. 그저 존재(생존)하고자 하는 의지를 따라 생성하고 소멸할 뿐이라고 했습니다. 헤겔의 철학을 통해서 세상을 보면 흐름이 있고, 하나하나의 사건도 의미가 있어서 전체의 큰 그림이 있다고 보입니다. 그야말로 모든 것에 이유와 목적이 있는 것입니다.

하지만 쇼펜하우어의 세상은 어떤 일정한 방향과 목적이 없고, 그저 순간순간 생존하기 위해 적응해 가는 과정일 뿐입니다. 이런 세상에서 인간의 이성을 통해서 '우주의 목적과 의미 또는 인생의 목적과 의미' 같은 것을 깨닫는 일은 없습니다. 만일 그 깨달음이 가능하다면 그것은 그저 무의미를 견디지 못해 허무함을 달래려고 만들어 낸 그럴싸한 거짓말, 허구일 뿐입니다.

쇼펜하우어는 인간이 불행한 이유는 비합리적인 세상 속에서 합리적인 것을 기대하기 때문이라고 했습니다. '착하게 살면 복을 받겠지' '최선을 다하면 보상이 있겠지' 등 원인과 결과가 맞아떨어지는 합리를 기대하지만, 세상은 비합리적인 욕망과 의지의 지배를 받기에 기대하면 기대할수록 더 깊은 절망만 느끼게 된다는 것입니다.

삶에서 어떤 의미를 찾으려는 시도

소크라테스, 플라톤, 아리스토텔레스는 모두 인간의 '이성'이 인간됨을 이루는 근간이라고 생각했습니다. 중세의 스콜라 철학자들도 '믿음'을 중시 여겼지만, 이성이 인간을 믿음으로 이끈다고 생각했습니다. 근대 합리주의자 데카르트는 이성이야말로 인간됨의 본질이라고 여겼습니다. 그는 "나는 생각한다. 고로 존재한다"고 말하며 '생각함'이야말로 인간 존재 그 자체로 여겼습니다. 헤겔은 역사는 신의 생각이 작용된 결과이며, 신의 생각을 따라 목적을 가지고 나아가고 있다고 보았습니다.

하지만 쇼펜하우어는 이 우주가 목적에 따라 착착 진행되는 정신의 작용이 아니라, 생명을 유지하기 위한 생명력, 또는 '의지'의 결과물이라 여겼습니다. 그는 '직접적이고 절대적으로 인식하고 직관하며 인지하는 이성'이라는 개념은 허황된 것이라고 보았습니다. 쇼펜하우어가 보기에 인간은 그저 의지가 좌우하는 욕망에 따를 뿐이고, 의지는 알려질 수도 이해될 수도 없는 미지의 것이었습니다.

여기에서 쇼펜하우어가 말하는 '의지'는 특정한 목적이 없습니다.

그저 자신의 존재를 '유지'하는 것, 그 자체가 목적입니다. 주변의 환경과 상황을 인식해 끊임없이 변화하며 생존해 가는 의식이 없는 하나의 생명체, 또는 기계를 생각해 보면 쇼펜하우어의 의지가 무엇인지 짐작이 갈 겁니다. 생존하는 것 외에는 어떠한 의도도 가지고 있지 않은 것이 우주의 본질입니다.

쇼펜하우어는 우주 전체를 하나의 의지로 설명했습니다. 이 의지는 헤겔에게는 이성(절대정신)의 의지였지만, 쇼펜하우어에게는 생명력(생존)의 의지입니다. 헤겔은 우주의 근본이 이성이라고 설명했지만, 쇼펜하우어는 의지라고 본 것입니다.

쇼펜하우어는 인간의 모든 행동은 살려는 의지이며, 그것은 인간만이 아니라 이 우주 전체가 그렇다고 보았습니다. 그의 주장은 상당히 파격적이어서 당시 사람들로부터 좀처럼 받아들여지지 못했습니다. 하지만 니체를 지나 현대 철학에 이르기까지 쇼펜하우어의 생각은 이제 철학의 주류가 되었습니다. 쇼펜하우어가 말한 '의지'는 니체에게는 '권력 의지'가 되고, 프랑스 철학에서는 '욕망'이 됩니다.

연극 〈고도를 기다리며〉의 등장인물 블라디미르와 에스트라공은 언제부터인지, 왜인지 모르지만 '고도'라는 사람을 기다립니다. 그들은 매일 고도를 기다리며 의미 없는 잡담으로 시간을 보냅니다. 지주 포조와 짐꾼 럭키라는 인물도 등장합니다. 포조는 럭키의 목에 밧줄을 걸고 마치 그를 노예처럼 부립니다. 에스트라공과 블라디미르는 그들의 행동을 바라봅니다. 잠시 후 포조와 럭키가 떠나고 한 소년이 나와 고도는 오늘 오지 않을 것이라고 말합니다. 다음날도 에스트라공과 블라디미르는 같은 장소에서 고도를 기다립니다. 그곳에서 또 포조와 럭키를 봅니다. 하지만 이상하게도 포조는 눈이 멀어 있고, 어제 자신들을 만났다는 사실조차 기억하지 못합니다. 이윽고 소년이 나타나 오늘도 고도는 오지 않을 것이라고 말합니다.

결국 고도는 등장하지 않고 연극은 끝이 납니다. 이쯤 되면 고도라는 사람이 실제로 존재하기는 하는 건지도 알 수 없습니다. 그저 기다리고, 기다리는 도중 어떤 사람들을 만나고, 내일을 기약합니다.

쇼펜하우어가 말하는 무의미도 이와 비슷합니다. 살아지니 살아갈 뿐입니다. 인간의 삶이란, 목적지를 알 수 없는 버스에 타고 어디

미국에서 상연된 연극 〈고도를 기다리며〉의 한 장면.

론가 가는 상황과 같습니다. 고도를 기다리는 두 사람은 나름대로 이 기다림에 의미를 부여하고 있을지도 모릅니다. 고도가 어떤 고통을 해결해 줄 것을 상상하며 기다리거나, 혹은 그저 좋은 사람이기 때문에 그를 기다렸다 만나는 것은 그만한 가치가 있는 일이라고요. 마치 아무런 의미 없이 반복되는 매일에도 어떤 의미가 있다고 스스로 되뇌며 이런저런 의미를 부여하는 것과 비슷합니다.

쇼펜하우어는 이처럼 삶에서 어떤 의미를 찾으려는 시도는 불행의 시작이며, 그저 오늘 하루 고통스럽지 않게 사는 것이 중요하다고 말합니다.

감각에 의해 재구성된 세계

미국 콜로라도 주의 '애스펀' 지역은 스키로 유명합니다. 자연과 어우러진 스키장이 여러 곳에 자리 잡고 있어 겨울이 되면 미국 전역에서 사람들이 몰려옵니다. 이곳에서 10마일 정도 떨어진 거리에 '마룬 벨스'라는 곳이 있습니다. 보통 풍수지리에서 명당은 배산임수(背山臨水)를 말하는데, 뒤에는 산이 있고 앞으로는 물이 가까이 있음을 의미합니다. 마룬 벨스는 그 절경을 잘 보여 주는 아름다운 곳입니다. 뒤로는 설산이 우뚝 솟아 있고, 산 밑으로 계곡이 있어 수정처럼 맑은 물이 호수로 흘러 들어가 황홀경을 경험하게 합니다.

아름다운 곳이라면 그랜드 캐니언도 빠뜨릴 수 없습니다. 광활한

미국 콜로라도 주의 마룬 벨스 지역.

계곡의 모습과 하이킹하기에 좋은 지역으로 나누어져 있는 미국의 대표 관광지입니다.

마룬 벨스나 그랜드 캐니언의 웅장하고 화려한 풍경을 보다 보면, 내 인생의 복잡한 문제들이 사실은 아무것도 아닌 듯합니다. 장엄한 자연의 침묵 앞에서 인간의 고민은 작아집니다. 그리고 삶은 그저 먹고사는 생존을 넘어, 더 고귀한 차원의 무언가가 있음을 깨닫기도 합니다.

독일의 철학자 칸트는 평생을 '감각의 영역'과 감각을 넘어서는 '초월의 영역'이 구분되어 존재함을 증명하고자 했습니다. 그는 종교가 과학의 영역을 침범해 마땅히 발전해야 하는 자연 세계에 대한 연구가 훼손되지 않기를, 반대로 엄연히 존재하는 인간의 인식능력 너머의 세계가 과학이라는 이름으로 지워지지 않기를 바랐습니다. 그래야 온전히 인간과 세계를 설명할 수 있다고 믿었기 때문입니다. 과학은 눈앞에 보이는 세계를 설명하지만, 종교와 윤리는 인간의 내면을 설명하는 것이기 때문입니다.

쇼펜하우어는 자신의 책 《의지와 표상으로서의 세계》 앞부분에서 "세계는 나의 표상이다"라고 말합니다. 여기서 표상이란, 인간의 오감에 인지된 것을 말합니다.

비전프로나 메타퀘스트 같은 VR 기기는 가상의 세계를 보여 줍니다. 앞으로 기술의 발전으로 인해 VR 기기가 인간의 오감과 같은 생생함을 전달한다고 상상해 봅시다. 망막에 스크린을 얹고 손과 발, 코와 귀를 통해서 완벽하게 실제와 같은 경험을 가질 수 있다면 과연 '실제와 가상'은 어떤 차이가 있을까요? 좀 더 나아가 생후 1주일 이내에 VR 기기를 인간의 감각에 입힐 수 있다면, 그 아이에게 실제는 과연 존재하기는 한 것일까요?

표상이란 바로 VR 기기를 통해 보는 화면과 같습니다. 오늘 내가 만나는 세상은 '감각'이라는 VR 기기를 통해서 알게 된 경험 그 이상도 이하도 아니라는 것이 쇼펜하우어의 주장입니다. 책상 위에 놓인 텀블러를 바라보고 있다는 것은 '책상 위에 텀블러'라는 영상을 보는 것과 같은 것입니다. 이때 텀블러가 빨간색이라면, 빨간색은 빛과 텀블러의 재질과 눈의 시신경 안에서 존재하는 것으로 보

았습니다.

이처럼 인간이 만나는 세계는 감각에 의해서 재구성된 것이기에, 진짜 세계는 접근조차 불가하다고 여겼습니다. 이는 그런 인간 존재가 과연 이 세계가 이렇다 저렇다 이야기할 수 있겠느냐는 회의론적 주장으로 이어집니다. 사실 이것은 오래된 주장이며, 칸트에 의해서 정리된 내용으로 철학적 인식론 안에서는 이미 받아들이고 있는 내용이기도 합니다.

쇼펜하우어는 이러한 인간의 조건 속에서 허무감을 느꼈던 것 같습니다. 세상은 비합리적이며, 인간은 거대한 의지의 생성과 소멸 속에서 불행을 경험하며, 우리가 마주하는 세계조차 실재와는 거리가 먼 가상의 세계일 뿐이라는 허무감입니다. 우리는 진리를 알 수도 없고, 그토록 찾고 싶은 의미를 추구할 수도 없는 존재라는 현실적 깨달음입니다.

삶의 고통이 피할 수 없는 것이라면

성경에는 유명한 염세적 구절이 있습니다.

> 전도자가 이르되 헛되고 헛되며 헛되고 헛되니 모든 것이 헛되도다.
>
> _〈전도서 1장 2절〉

전도서의 저자는 세상의 모든 것이 무의미하다고 합니다. 부와 권력, 지식과 수고도 헛되다고 말합니다. 다양한 설이 있지만, 전도서의 저자가 '솔로몬' 왕이라는 점을 생각해 보면 모든 것을 다 누려본 자의 고백이기에 더욱 신뢰가 갑니다. 성경은 인간이 추구하는 모든 것이 한시적이며 영원하지 않기에 헛되다고 말하며, 오직 올바른 삶을 살아가는 것(하나님의 말씀을 따르는 것)만이 의미 있다고 진술합니다.

불교에서도 '인생은 고해(苦海)'라고 합니다. 인간의 삶은 마치 고통의 바다를 건너가는 것과 같다는 의미입니다.

쇼펜하우어는 인간은 통제할 수 없는 고난을 언제든지 만날 수 있기에, 막연한 행복을 기대한다면 오히려 더 큰 고통을 맞이한다고 했습니다. 즉, "행복이란 단어를 제거하면 행복할 수 있다"고 말합니다. 특히 청년들에게 '무언가를 인생에 더하는 것보다 제거하는 쪽으로 방향을 잡을 것을 권합니다. 돈을 모아 부자가 되겠다는 생각보다는 가난하게 살지 않겠다는 정도로, 건강해지려는 욕심을 내려놓고 병에 걸리지 않겠다는 다짐을 한다거나, 즐겁게 놀면서 살기보다는 비난받지 않게 생활하는 것을 현실적인 생활 수칙'으로 제안합니다.

알랭 드 보통은 《불안》(은행나무, 2011)이라는 책에서 잘못된 기대가 사람을 어떻게 불안하게 하는지 언급합니다. 그는 불안의 원인을 사랑의 결핍, 속물근성, 기대, 능력주의, 불확실성으로 꼽습니다. 여기에서는 사랑의 결핍과 기대에 대해 이야기해 보겠습니다.

인간은 누구나 사랑받고 싶어 합니다. 사랑이 인생의 토대이자

목적인 것은 분명합니다. 가정에서 충분한 관심과 사랑을 받은 아이는 밖에 나가서 사랑을 '구걸'하는 일이 적습니다. 타인의 인정이나 주목을 받고자 하는 욕구보다 자신의 관심사를 성실히 성취하며 살아갑니다. 이런 아이는 학교에서도 교사에게 무엇을 크게 바라지 않으면서 자신이 원하는 것을 분명히 말하고, 합리적으로 거절에 대해서도 상처받지 않고 받아들입니다. 반면 사랑이 부족한 환경에서 자란 아이는 교사에게 자신의 욕구를 끊임없이 피력하고, 그것이 거절되었을 경우 상처를 받아 관계가 틀어지기도 합니다. 아이들을 만날수록 가정에서의 기본적인 관심과 사랑이 얼마나 중요한지 뼈저리게 느낍니다.

미래에 대한 걱정과 불안도 결국 "사랑받지 못할 것에 대한 두려움"이라고 알랭 드 보통은 말합니다. 즉, 존재감 없는 존재가 되는 것의 두려움입니다. 이것은 단순히 노력한다고 해서 해결되는 것이 아니라 더 어렵습니다. 돈과 권력은 노력 여하에 따라 어느 정도 보상이 이루어집니다. 사람들이 주변에 모이고 나의 존재감이 발휘됩니다. 하지만 돈과 권력이 있다고 해도 사람들로부터 진정한 사랑을 받는 것은 아닙니다. 오히려 너무 많은 것을 가지고 있기에 이를 탐하는 주변인이 생겨나 마음속에 공허감이 남습니다.

'잘못된 기대감'도 불안을 가중시킵니다. 알랭 드 보통은 근대 서양의 주민보다 중세 유럽의 계급이 존재하던 시대가 더 낮은 스트레스 사회였다고 말합니다. 근대인들이 이전보다 물질적으로 훨씬 나은 삶을 살고 있기는 하지만, 더 많은 스트레스를 받았던 이유는 기회가 부여된 만큼 기대가 상승했기 때문이라고 합니다. 즉, 자신이 속한 사회적 신분 외의 가능성을 생각해 본 적 없던 사람들이 갑자기 민주주의를 만나, 갑자기 이론적으로는 모든 것이 가능해진 세상이 열렸던 것입니다. 그러나 치열한 경쟁과 자본주의의 심화로 평등한 기회는 착시효과에 불과했고, 실패에 대한 개인적인 책임이 주어지고 그것으로 평가받으며 큰 스트레스를 받았던 것입니다.

기회의 평등이란 어쩌면 신화 같은 이야기일지도 모릅니다. 미국의 정치철학자 마이클 샌델은 자신의 책 《공정하다는 착각》(와이즈베리, 2020)에서 농구 역사상 가장 위대한 선수로 평가받는 '마이클 조던'이 받았던 천문학적인 연봉에 대해 언급하며, 온전히 그의 몫이어야 하는가에 대해서 질문을 제기합니다. 대답은 '아니오'입니다. 그는 마이클 조던의 타고난 능력, NBA라는 시스템, 미국이라는 국가의 안정 등이 모두 조던의 연봉에 기여했으며, 그 자신의 노력은 일부일 뿐이라고 말합니다.

그래서 저는 기회의 평등도 중요하지만, 기회를 살리지 못한 사람들도 자괴감과 죄책감을 느끼지 않는 사회가 되기를 소망합니다. 능력과 배경을 타고난 사람들도 나름대로 열심히 살며 자기 성취를 이뤄야 합니다. 하지만 그것들이 다 자신의 노력으로 얻은 것이 아니라는 생각을 가지고 겸손할 필요가 있습니다.

1990년대 자신이 속한 팀 시카고 불스를 승리로 이끌며, 전 세계적인 미국 농부 붐을 주도했던 선수 마이클 조던.

과정을 이해하고 작은 행복 누리기

하루는 수업을 위해서 교실로 가던 중에 한 선생님을 만났습니다. 그분은 "선생님! 쇼펜하우어에 대해 잘 아세요? 요즘 대세랍니다"라고 말했습니다. 사실 저에게 쇼펜하우어는 칸트의 인식론과 헤겔 역사철학 사이에 잠깐 소개되는, 크게 비중 있는 철학자는 아니었습니다. 때문에 그가 쓴 몇 가지 책의 주요 개념만 알고 있지 잘 안다고까지는 할 수 없었습니다. 그러나 대세라는 말에 인터넷 서점에 들어가 쇼펜하우어와 관련된 책을 찾아보니, 예상 외로 많은 책이 소개되고 있었습니다.

모든 유행은 시대를 반영합니다. 경제가 어려울수록 일확천금을 꿈꾸는 이야기가 인기를 얻고, 고독한 시대일수록 가족과 친구에 대한 이야기가 많아집니다. 쇼펜하우어의 책이 관심을 받는다는 것은 그만큼 절망적인 사람들이 많다는 이야기입니다. 쇼펜하우어는 어떻게 하면 상처받지 않고 살 수 있을까에 대한 나름의 대답을 제시합니다. 시중에서 판매되는 쇼펜하우어 책들을 요약해서 말하자면 **'삶이 고통이라는 것을 받아들이고, 작은 행복을 누려라'**입니다.

저는 쇼펜하우어가 삶의 어떤 면을 정확히 꿰뚫고 있다고 생각합니다. 하지만 진적으로 동의하지는 않습니다. 삶은 고통이지만 모든 고통이 꼭 불행한 것만은 아닙니다. 지금의 고통이 다른 의미로 연결되는 과정이라면 '의미'를 갖습니다. 어머니가 출산을 하는 것은 커다란 고통이지만, 아이의 얼굴을 마주하는 순간 기쁨으로 변화됩니다. 육아 또한 힘이 들지만 자녀가 주는 기쁨은 그것을 훨씬 넘어섭니다. 사랑은 달달하게 출발해서 쓰디쓰게 바뀔 수 있지만, 그 모든 맛을 견뎌낸 후에는 사랑을 이해할 수 있습니다. 이처럼 진정한 의미의 행복은 고통의 너머에 있습니다. 그리고 그 **행복은 감각적인 쾌감이 아니라 모든 것의 깊은 면을 발견했을 때 얻게 됩니다.**

사람이 불행한 이유는 이런 깊이 있는 행복이 아닌, 자기 팽창적이고 단순 감각적인 쾌락을 추구하기 때문입니다. 이러한 것들은 쉽게 얻을 수도 없지만, 한 번 얻었다고 해서 지속되지도 않습니다. 그렇기 때문에 얻지 못할까 두렵고, 얻었지만 잃을까 초조합니다.

반면 나에게 주어진 삶 속에서 매일 밀려오는 크고 작은 어려움의 더미 속에서, 더 깊은 삶의 의미로 연결되는 작은 행복을 발견할 수 있는 마음이 있다면 어떨까요? 그것을 빼앗아 갈 것은 아무도 없기에, 고통 속에서도 행복할 수 있고, 행복 속에서도 불안하지 않을 수 있는 존재가 될 것입니다.

불안이란, 곧 잃어버리거나 사라질 것을 소유하고자 할 때 일어나는 감정입니다. 그러므로 어떠한 순간에서도 삶의 보물을 발견해 내는 마음을 통해서만 극복할 수 있습니다. 미래의 파도에는 고통이 있을 수도, 기쁨이 있을 수도 있지만, 모든 것들이 협력적으로 일해서 결국 아름다운 삶의 의미를 남긴다는 사실을 잊지 말아야 합니다.

9장

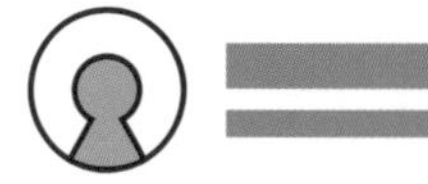

소비

장바구니에 담기지 않는 소중한 것

꼭 필요하지 않아도 소비하는 인간

한 남자가 걸어갑니다. 티셔츠에는 Welcome이라 쓰여 있고 기분이 매우 좋아 보입니다. 그는 길에서 벌레를 만납니다. 잠깐 사랑스러운 듯 쳐다보다 두 발로 사정없이 밟아 버립니다. 남자는 또 걸어갑니다. 2마리의 뱀을 만나 가죽 신발로 만들어 버립니다. 닭을 잡아 농구 골대에 던진 후 튀겨 치킨으로 만들어 먹습니다. 양을 만나 귀여운 듯 쓰다듬어 주고는 머리를 쳐서 그 고기를 먹고, 털은 깎아 옷으로 해 입습니다. 주머니에서 총을 꺼내 이곳저곳 쏘아 댑니다. 그렇게 남자는 계속 걸어가고 지나는 모든 곳에 동물의 사체와 쓰레기 더미를 남깁니다. 그러다 공장을 만들어 살아 있는 모든 것을 가공해 버립니다. 결국 거대한 쓰레기가 산을 이루고, 남자는 그 꼭대기에 올라 마치 황제처럼 의자에 앉아 담배를 피웁니다. 머리에는 금관을 쓰고 있습니다. 쓰레기 더미 왕국의 왕입니다. 잠시 후 하늘에서 우주선이 날아옵니다. 2명의 외계인이 내려와 금관을 쓴 남자를 의자에서 끌어내려 밟아 버린 뒤 그대로 우주선을 타고 어디론가 사라집니다.

이 이야기는 스티브 커츠의 단편 애니메이션 〈MAN〉의 줄거리입니다. 인간의 발전과 그로 인한 환경 파괴를 다룬 작품으로, 자본주의 사회의 이중성을 잘 드러냅니다. 배가 부른 사자는 사냥을 하지 않는다고 합니다. 생리적 필요가 있어야 사냥감을 찾아 나서는

애니메이션 〈MAN〉에서 쓰레기 더미를 지나는 남자.

동물과 달리, 자본주의 사회의 인간은 꼭 필요하지 않아도 소비합니다. 저만 해도 주로 신는 신발이 5켤레입니다. 러닝 전용 운동화, 스니커즈 2개, 일반 운동화, 구두를 가지고 있습니다. 여기에 크록스, 슬리퍼까지 포함하면 대략 7~8켤레입니다. 저희 식구가 6명이니 거의 50켤레 이상의 신발이 우리 집 신발장에 있습니다.

어떤 물건을 살 때 꼭 필요한 물건인지 아닌지 판단하기도 어렵습니다. 예를 들면 러닝을 할 때 그냥 운동화를 신고 달려도 되지만, 러닝화를 신으면 발목과 무릎에 부담이 덜하다는 것이 느껴집니다. 이런 차이로 용도별, 계절별로 물건의 소비가 더해집니다.

인공 두뇌를 가진 컴퓨터가 지배하는 세계를 그린 영화 〈매트릭스〉.

물건이 아닌
정체성 팝니다

1929년 프랑스에서 태어난 철학자이자 사회학자 장 보드리야르는 현대사회의 문제를 날카롭게 비판했습니다. 그의 주요 저서는 《소비의 사회》(문예출판사, 1992) 《시뮬라시옹(Simulacres et Simulation)》(민음사, 2001)인데 두 번째 책은 영화 〈매트릭스〉의 철학적 토대를 제공한 것으로도 유명합니다. 〈매트릭스〉의 감독인 워쇼스키 형제는 영화에 출연하는 배우들에게 이 책을 읽고 오도록 권했다고 합니다.

마르크스경제학에서 '상품'은 '교환가치'와 '사용가치'를 지닌 것으로 설명됩니다. 교환가치란 시장에서 교환할 만한 가치를 지닌 것을 말하며, 사용가치는 인간의 욕구를 충족시킬 수 있는 가치를 지닌 것을 의미합니다. 하지만 보드리야르는 현대 소비사회의 상품을 교환가치와 사용가치의 측면에서만 설명할 수 없다고 말합니다. 현대사회의 상품은 필요에 의해서만 소비되는 것이 아니기 때문입니다. 물론 궁극적으로는 필요 때문에 소비되지만, 그 필요의 의미가 '필수적이다'는 'Need'에서 '욕구하다'의 'Desire'로 전환되었습니다.

신발은 맨발로 다니면 발이 아프기 때문에 구매하는 상품입니다. 하지만 자본주의가 발달한 사회에서는 사람들이 신을 신발이 부족해 구매하지 않습니다. 애플의 창업자 스티브 잡스는 가장 위대한 마케팅 회사로 '나이키'를 꼽았습니다. 나이키는 상품에 '정체성'을 입혔기 때문입니다. 나이키는 신발 분야에서 독보적인 기술을 가지고 있기는 하지만, 다른 하이테크 산업에 비하면 상대적으로 대단한 기술이라고 하기는 어렵습니다. 그럼에도 불구하고 2023년 기준 한화 63조 원의 매출을 달성했고, 지금까지 강력한 브랜드 파워를 가집니다.

나이키는 신발을 팔기 위해 엄청난 기술을 적용하거나 신발의 우수성을 알리는 일은 거의 하지 않았습니다. 신발보다는 신발을 신는 사람에 대해 말합니다. 잡스의 표현대로 나이키는 "위대한 운동선수에 존경심"을 표하는 것으로 그들의 정체성을 말했습니다. 마이클 조던을 위해 신발을 만들고, 타이거 우즈의 위대함을 찬양했습니다. 나이키는 단순한 신발이 아니라 도전과 열정의 상징이 되어, 그러한 존재가 되고 싶은 사람들에게 팔려 나갔습니다.

나이키를 구매하는 것은 단지 신발을 신는 것을 넘어 '내가 누구

미국의 농구 선수 르브론 제임스가 광고한 나이키.

이고, 무엇을 추구하는지'를 말하는 셈이 되었습니다. 신발의 기능적 필요 때문이 아니라, 나이키에 부여된 정체성, 즉 '기호'를 소비한 것입니다. '기호 소비'란 어떠한 물건이 특별한 정체성을 갖게 되어 보이지 않는 가치를 지시하는 기호가 되고, 그것을 구매해 가치를 소유함을 말합니다. 이러한 기호 소비는 명품과 관련해 두드러지게 나타납니다. 명품 가방의 원가는 수십만 원 정도겠지만, 판매 가격은 수천만 원을 넘습니다. 그래도 불티나게 팔립니다. 명품 가방이 지시하는 사회적 상징이 있기 때문입니다. 즉, 명품 가방을 가진다는 것은 '성공'이라는 기호로 받아들여집니다.

보드리야르는 소비 과정은 "기호를 흡수하고 기호에 의해 흡수되는 과정"이라고 말하며, '개인의 존재 역시 기호의 조작과 계산 속에서 소멸되며, 기호의 내부에 존재한다'고 했습니다. 즉, 소비의 주체는 개인이 아니라 기호의 질서라는 뜻으로 내가 물건을 사는 것이 아니라, 어떠한 질서가 나에게 물건을 사도록 만든다는 이야기입니다.

SF 영화 〈화성인 지구 정복(They Live)〉에는 자신의 정체를 숨긴 채 인간의 모습으로 사는 외계인이 등장합니다. 그들은 인간의 모습을 하고 신문, 방송, 라디오 등 매체를 장악했습니다. 지금이라면 SNS와 유튜브를 장악해야겠지요. 아무튼 이 모든 것들은 메시지를 전달하는 도구입니다. 외계인들은 이를 통해 인간을 바보이자 노예로 만드는 메시지를 마구 전달합니다. 하지만 그 방식이 은밀합니다. 멋진 휴양지와 상품을 진열시키고 방송을 통해 구매 욕구를 자극합니다. 마치 '행복'은 이 물건들을 구매하기만 하면 이룰 수 있는 것이며, 이 물건을 구매할 수 있다면 성공한 사람이라고 말합니다.

주인공 '나다'는 탄광에서 해고를 당한 노동자입니다. 그는 일자리를 찾아 이곳저곳을 다니다 한 교회에서 선글라스를 발견합니다. 그는 아무 생각 없이 선글라스를 끼고 거리를 걷다가, 건물 벽에 붙어 있는 옥외 광고판에서 이상한 점을 발견합니다. 예전에 컴퓨터 광고판이었던 곳에 'OBEY(시키는 대로 하다)'라는 글자가 쓰여 있습니다. 그는 놀라 선글라스 벗고 다시 광고판을 보니 예전과 같은 컴퓨터 광고판이었지만, 다시 선글라스를 쓰니 'OBEY'라는 글자가 보였습니다. 휴양지 광고에는 'MARRY AND REPRODUCE(결혼하고 번식하기)' 남성 기성복 판매점에는 'NO INDEPENDENT

영화 〈화성인 지구 정복〉의 한 장면.

THOUGHT(독립적인 생각 없음)' 할인 판매점에는 'CONSUME(소모하다)'이라 적혀 있었습니다. 이 모든 글자는 광고의 뒷면에 존재하는 메시지였고, 선글라스는 이를 보게 해 주었습니다.

영화 속 외계인의 교묘한 메시지는 현대자본주의의 작동 원리와 유사합니다. 보드리야르의 '기호의 질서가 소비한다'는 말은 소비의 주체가 인간이 아닌 자본주의 시스템이라는 의미입니다. 현대자본주의는 인간의 자존심, 불안감, 경쟁심을 부추겨 불필요한 물건까지 더 많이 소비하도록 유도합니다.

영국의 정치경제학자 아담 스미스는 자신의 책 《국부론》에서 '보이지 않는 손(Invisible Hand)이 각자 개인의 관심사(Self-Interest)를 따라 열심히 사는 인간들로부터 공적인 이익(Public-Interest)을 이끌어 낸다'고 말했습니다. 그러나 역사가 어느 시점을 지나면서부터 개인이 자신의 관심사를 따라 노동을 하는 것이 아니라, 소비가 노동을 강요하고, 계급의 피라미드를 만들어 인간의 가치까지도 평가하기 이르렀다고 보드리야르는 판단합니다.

교묘하게 설계된 쇼핑의 계급

과거에는 계급에 따라 사람의 인생이 완전히 다르게 펼쳐졌습니다. 현대인에게는 태어나기 전부터 정해진 무언가가 있다는 것이 불편하게 여겨집니다. 하지만 여전히 우리의 삶은 나와는 무관하게 결정됩니다. 어느 나라에서 태어날지는 개인에게 가장 큰 영향을 주지만, 선택할 수 없습니다. 인간의 자유는 극히 제한적입니다.

예전에는 계급이 낮은 사람들은 큰 성공을 거두기가 어려웠지만, 오늘날은 그런 계급이 없으니 누구나 노력하면 큰 성공을 이룰 수 있다고 생각한다면, 그것은 반만 맞는 이야기입니다. 현대자본주의 사회에서 보이는 계급은 사라졌지만, 또 다른 형태의 '제한'이 존재하기 때문입니다.

보드리야르는 현대자본주의는 '소비를 통해 계급이 형성된다'고 말했습니다. 이는 '가지고 있는 자본의 크기'가 계급을 형성한다는 의미이기도 합니다. 이 말들은 연결되어 있습니다. 내가 얼마를 가지고 있는지 소비를 통해 보여 주지 않으면, 사회 속에서의 위치나 힘이 드러나지 않습니다. 소비를 하지 않았을 때 재정적 안정감은 누릴 수 있지만, 나 자신을 증명하는 짜릿함은 없습니다. 현대의 기업들은 이러한 점을 적극적으로 이용합니다. 상품에 촘촘하고 정밀한 계급을 만들어 배치합니다.

'카푸어(Car Poor)'란 고급 차를 가진 가난뱅이를 말합니다. 본래 가진 자본보다 비싼 차를 사서 더 높은 소비 계급인 것처럼 보여 주려는 사람입니다. 물론 과소비는 좋지 않지만, 카푸어를 둘러싼 대중의 감정을 보면 의아한 점이 있습니다. 사람들은 '안타까움'보다 '분노'를 드러냅니다. 돈을 쓸데없이 낭비했다는 안타까움의 시선이 아니라, 기만적 소비로 모두를 속이려고 했다는 분노의 감정이 나타납니다. 재산의 소유와 소비가 일치하는 것은 존경의 대상이지만, 자신의 재산보다 과한 소비는 사회질서를 어지럽히는 행태로 간주되는 것입니다. 이는 이미 우리 사회가 '소비의 계급사회' 안에서 작동되고 있다는 증거입니다.

이런 사회에서는 개인의 실질적인 개성이 사라지고, 오로지 소비만이 차별화를 만들어 줍니다. 소비만이 그가 누구이고, 어떠한 수준의 사람인지 말해 줍니다.

에리히 프롬이 말하는 '소유와 존재'

에리히 프롬은 현대 소비사회가 사람들의 근본적인 삶의 방식과 태도를 바꾸었다고 말합니다. 그는 자신의 책 《소유냐 존재냐》(까치, 2020)에서 "우리는 많이 소유하는 것이 아니라 풍요롭게 존재하는 것을 목표로 해야 한다" "소유와 존재는 근본적으로 다른 인간 체험의 2가지 형태로서, 그 각 양식의 강도가 개인의 성격 및 여러 유형의 사회적 성격의 차이를 결정한다"고 했습니다.

저는 자녀들이 어렸을 때, 봄이 오면 밖으로 나가 자주 산책을 했습니다. 따뜻한 햇살과 봄꽃이 바람과 어우러져 가만히 있어도 행복이 느껴졌습니다. 아이도 꽃이 신기한지 이리저리 살피며 좋아하다가, 어느새 꽃을 꺾어 손에 들고 해맑게 웃으며 달려왔습니다. 저는 아이에게 이야기했습니다.

"아가야, 꽃은 꺾는 게 아니야. 모든 사람이 예쁜 꽃을 볼 수 있도록 그냥 보기만 하는 거야."

소유하는 것이 아니라, 풍요롭게 존재한다는 것. 이 단순한 가르침이 무색할 만큼 소유 중독에 빠진 세상은 아닐는지요. 풍요롭게 존재한다는 것은 무엇일까요? 그것은 소유를 통해 얻는 짜릿함이 아니라, 향유함으로 아름다움을 경험하는 것입니다.

학습에 있어서도 소유적 학습과 존재적 학습은 다릅니다. 소유적 학습은 지식을 소유하는 것을 최종 목적으로 합니다. 기존의 것을 이해하고 암기한 후에 그것을 활용해 무언가를 더 얻으려고 합니다. 하지만 존재적 학습은 대상을 이해하고 그것과 연결하려고 합니다. 질문을 가지고 다가가며, 더 발전적인 존재로 성장하고자 합니다.

에리히 프롬은 '대화'에서도 소유적 양식과 존재적 양식은 다르다고 말합니다. 소유적 대화는 상대방을 설득하려는 태도입니다. 나의 입장을 전달해 상대방의 생각을 바꾸려는 마음가짐이라면 소유적 실존의 대화입니다. 반면, 나의 생각과 타인의 생각이 상호 만나서 그 사이에 존재하는 '진리'를 찾으려고 노력하는 것은 존재적 실존 대화입니다. 이에 대해 소크라테스는 '소피스트(Sophist, 교양이나

학예, 변론술을 가르치는 사람)의 대화 기술은 대중을 설득하는 것이지만, 진정한 대화는 아레테(Arete, 사람이나 사물에 갖춰진 탁월한 성질)를 향해 대화와 대화가 상호 디딤돌을 놓는 것'이라고 했습니다. 존재적 실존 대화는 꽤 중요합니다. 정치에서도 자신의 주장만을 늘어놓고 동의를 구하는 것이 아니라, 진정 옳은 것이 무엇인지 열린 자세로 찾아보려는 태도가 요구됩니다. 비즈니스 현장에서도 마찬가지입니다. 좋은 파트너란, 서로의 한계를 넘어 더 좋은 지점으로 이끌어 주는 관계이기 때문입니다.

무의미한 경쟁을 넘어 내 삶으로 복귀하기

미국의 작가 맥스 루케이도의 동화《너는 특별하단다》(고슴도치, 2002)에는 작은나무사람(웸믹) '펀치넬로'가 등장합니다. 웸믹들은 매일 별표 아니면 점표를 서로에게 붙였습니다. 겉모습이 멋지거나 재주가 뛰어나면 별표를, 실수를 하면 점표를 붙였는데, 펀치넬로는 온통 점표뿐이었습니다. 그는 자신이 쓸모없는 웸믹이라고 생각했습니다. 그러던 어느 날 펀치넬로는 자신을 만든 목수인 '엘리 아저씨'를 만나게 됩니다. 아저씨는 그를 반갑게 안아 주었습니다. 점표가 신경이 쓰였던 펀치넬로는 자신은 이렇게 되고 싶지 않았다고, 열심히 노력했다고 이야기했습니다. 아저씨는 변명할 필요가 없고, 다른 웸믹들의 생각은 중요하지 않다고 말합니다. 별표든 점표든 모두 똑같은 작은나무사람일 뿐이기 때문입니다.

이 동화처럼 사람들도 예나 지금이나 무리를 짓고 계급을 만들어 '나는 잘났고 너는 못났다' 놀이를 반복합니다. 아무리 고상하고 세련되게 포장해도 본질은 다르지 않습니다. 때로는 서로의 차이에 대해 대단한 이론을 만들어 포장하기도 하고, 요즘과 같은 소비사회에서는 무엇을 가지고 있느냐를 가지고 말하기도 합니다.

이런 시대일수록 경쟁적이고 소비적인 자본주의의 메시지를 곧이곧대로 받아들이지 않으면 좋겠습니다. 그보다는 자신의 관심사나 흥미, 조금 더 높은 수준의 삶을 원한다면 '내 삶의 의미'를 발견하기 원합니다. 그 내용이 세속적인 관점의 풍요로움을 가져다 줄지는 알 수 없으나, 가치를 추구하는 삶은 분명 충만하고 행복합니다.

성경에서는 '소유'에 대해 다음과 같이 말합니다.

> 가난을 이겨 낼 줄도 알고, 부유함을 누릴 줄도 압니다. 배부를 때나 배고플 때나, 넉넉할 때나 궁핍할 때나, 어떤 형편에 처해서도 기뻐하고 즐거워합니다.
>
> _〈빌립보서 4:12〉

상품을 얻기 위해 궁리하고 소비하며 시간을 쓰기보다는, 그 경쟁의 트랙 밖으로 나와 작은 것에 감사하고 공짜로 주어진 것들을 향유하는 시간을 가져 보는 것은 어떨까요?

따뜻한 햇살 아래에서 부드러운 바람을 맞으며 시를 읽을 때, 저는 세상을 다 가진 듯 행복합니다. 무엇을 하지 않아도 아름다운 세상이 나에게 주어졌습니다. 지난주에는 누군가 준 오래된 자전거를 타고 아들과 함께 시골길을 달렸습니다. 저녁 7시, 해가 지는 서쪽 마을의 풍경은 말로 표현할 수 없는 장엄함과 아름다움이 있었습니다. 그 황금색 노을 사이로 아들과 앞서거니 뒤서거니 달리며 미소를 짓습니다. 이런 순간이야말로 인생이 주는 커다란 행복입니다. 소비를 통해서 얻는 쾌감과 다른, 사랑을 통해서 얻는 만족감은 사람의 삶을 늘 충만하게 합니다.